成电讲坛

2012–2014

主　编　申小蓉　刘　惠
副主编　涂　梦　沈　倩
　　　　南　爵　徐　茂

UESTCP 电子科技大学出版社

图书在版编目（CIP）数据

成电讲坛：2012—2014 / 申小蓉，刘惠主编. -- ：

成都：电子科技大学出版社，2016.12

ISBN 978-7-5647-4115-0

Ⅰ. ①成… Ⅱ. ①申… ②刘… Ⅲ. ①社会科学—文

集 Ⅳ. ①C53

中国版本图书馆 CIP 数据核字（2016）第 324067 号

成电讲坛（2012—2014）

CHENGDIAN JIANGTAN

申小蓉　刘　惠　主编

出　　版：电子科技大学出版社（成都市一环路东一段 159 号电子信息产业大厦　邮编：610051）
策划编辑：张　琴
责任编辑：马　瑶
主　　页：www.uestcp.com.cn
电子邮箱：uestcp@uestcp.com.cn
发　　行：新华书店经销
印　　刷：成都蜀通印务有限责任公司
成品尺寸：185mm×210mm　　印张 15.5　　字数 300 千字
版　　次：2016 年 12 月第一版
印　　次：2016 年 12 月第一次印刷
书　　号：ISBN 978-7-5647-4115-0
定　　价：48.00 元

前言

Qian Yan

这是一部记录众多学术大家、文化名人走进电子科技大学激昂文字指点青年的精彩画卷。

这是一段记录电子科技大学打造成电文化载体、共筑成电精神家园的辉煌历程。

这是一部书写电子科技大学近年来拓展第二课堂，文化育人滋兰树蕙的恢弘诗篇。

1956 年，由当时的交通大学、南京工学院、华南工学院三所院校的电讯工程专业合并，在“锦江春色来天地”的蓉城创建了新中国第一所电子信息高等学府——成都电讯工程学院。六十年沧桑砥砺，一甲子风雨彩虹。一代代成电人秉承爱国奉献、艰苦奋斗的精神奋进探索，为我国国防建设和民族信息产业的发展做出了不可替代的重要贡献。

“成电讲坛”是电子科技大学为提升大学生综合素质、繁荣校园文化而举办的全校最高规格的文化讲坛，也是西部地区高校影响最大、最成功的公益讲坛之一。“看得见摸得着的嘉宾讲述爱国、奋斗、梦想等正能量”

是成电讲坛最大的标签。从 2003 年正式启动该活动的 14 年来，“成电讲坛”累计已经举办活动 500 余场，覆盖超过 30 万人次。与科学家、将军、文化名人、道德模范和商界精英零距离接触、交流，已成为成电学子最爱的精神大餐。

坚持人文精神与科学精神相结合的教育理念，让成电讲坛周周有讲座、场场都精彩是“成电讲坛”的举办宗旨和永久追求。在学校奋力创建“双一流”高校的征途中，“成电讲坛”将继续在繁荣校园文化、拓展学生眼界上发力，为助推学校学科发展、提升学生听说读写“新四会”能力和引领社会风尚做出更大的贡献。

本书收录了 2012 年至 2014 年成电讲坛部分讲座内容，文字由音频、视频资料整理而成。旨在搭建一个平台让读者与主讲人通过文字交流，感受思想碰撞和共鸣的魅力。

目录 Contents

成电讲坛

人文·科学讲座

艺术·人生讲座

天下·视野讲座

校友·成才讲座

成电讲坛

Cheng Dian Jiang Tan

中国梦 航天梦

1

主讲人：杨利伟、刘洋

他是杨利伟，
他是中国进入太空的第一人，
他是太空探索者协会列昂诺夫奖的获得者。
他有着航天员科研训练中心副主任，载人航天工程航天员系统副总指挥，现任中国载人航天工程办公室副主任等诸多头衔；
但他记着的是自己是一名飞行员，一名军人，一名航天员，
时刻准备着，不忘自己的职责，为祖国的最高利益奋斗。

她是刘洋，
谁说女子不如男，妇女能敌半边天；
初生牛犊不怕虎，从此只愿伴蓝天。

她是中国首名女航天员，
她用纤细的肩膀扛起了千千万万的期待；
她是曾经体能拖后腿的后进生，
她用自己的毅力书写了满满的优秀的答卷，
她是 2012 中华儿女年度人物。
无数的寂寞，无数的挑战，因为热爱，所以坚持，所以无畏，所以一往无前。

精彩语录

杨利伟：

1. 这个利益是我们能够义无反顾去追求的一种动力，所以真正理解了它的利益之后，当你再去面对风险的时候，可能你真的不会去多想，你只是说我作为一个航天员去完成一项任务。
2. 我们当代大学生本身就是国家的一种希望和未来。在这里也还有一份责任和担当。特别是作为军人，军人这个职业又意味着奉献和牺牲。
3. 除了我们对自己事业的、对梦想的追求以外，我想更多的真的是一种责任。不管有多大的风险，总是要有人去尝试，总是要有人去做。

刘洋：

1. 我相信蜗牛一定不会一帆风顺地爬上去，一定会掉下来再爬，掉下来再爬，但只要它到达了塔的顶端，它所收获的风景和雄鹰是一模一样的。
2. 太空虽然向女性张开了多情的怀抱，但却不会有所偏爱，训练质量不变、标准不变、要求不变，学习的内容也因为技术的拓展和进步，只多不少。
3. 航天员，多么光荣而又充满刺激和挑战，怎么会寂寞呢？但是现在我深深地懂得了这些：万人欢呼的出征，一飞冲天的豪迈，鲜花簇拥的未来，对于航天员的职业生涯来说，实在是太微不足道了。
4. 奋斗的历程总是艰辛的，但这艰辛却又浸透了别样的幸福和光荣。这样的一种生活，如果你不曾体验，你不会懂得它的艰辛，这样的一种艰辛，如果你不曾经历，你也不会懂得它的幸福。

5. 太空是神奇的，人在太空中心会变得宽广。随着身体的失重，有许多的东西会变得很轻很淡，比如名与利，可人的心却不会失重，有许多的情感则会在心底变得更加清晰和珍贵。
6. 梦想其实并不遥远，只要我们努力地踮起脚尖。

时代与毅力造就英雄

2003 年，杨利伟执行神舟五号任务，实现中华民族的航天梦想，返回地面后说的第一句话是我为祖国感到骄傲。2005 年、2013 年，聂海胜执行神舟六号、神舟十号任务返回地面后说的同样是我为祖国感到骄傲。2008 年翟志刚完成出舱活动，返回地面后，说的第一句话仍然是我为祖国感到骄傲。回想自己曾经的梦想、走过的里程，其实我们每个人的成长进步、理想追求，都与我们所处的这个时代是密不可分的。

在一次最美乡村教师的颁奖晚会上，主持人问我，你是从小就梦想着要当一名航天员吗，点燃你梦想的是谁？这个问题我从来没有认真地思考过，我认真地想了想，回答说，点燃我的梦想的，是我的祖国，就是我的祖国点燃了我的梦想。我是 1978 年 10 月出生在郑州的，在我小的时候家乡的公交车还非常少。当妈妈第一次带我坐公交车时，那个神奇的公交车售票员就点燃我当一名售票员的梦想，要是当一名售票员该有多好，我每天都可以坐在车上。后来看到电视中的律师，我又梦想着当律师、当医生、当老师、当科学家，可我从来没有想过自己要遨游太空当一名航天员。

1997 年我读高三，正是我们国家时隔八年之后开始招收第七批女飞行员。因为成绩和视力还不错，班主任就在未通知我的情况下替我报了名，而我也幸运地一路过关斩将，成为新中国的第七批女飞行员。我热爱蓝天、热爱飞行，能够搏击长空，已然是我的心愿，即使是在热泪盈眶地看着神五发射，心潮澎湃地看着神六飞天，目不转睛地盯着神七出舱的时候，我也没有想过，有一天我能像他们一样。习主席在一次接见军队基层代表时，曾亲切地对我说，妇女能顶半边天，你代表中国女性首次进入太空圆满完成任务，祝贺你。我回答说，我很幸运赶上了一个好的时代。主席语重心长地对我说，是啊，你要记住时势造英雄。我说这时事就是我们身处的这个伟大的时代。

可能如果真的没有时代的进步、没有祖国的强大、没有载人航天事业的发展，2009年我们招收选拔女航天员的序幕就不会被拉开，我的梦想又焉能被点燃。我常说自己是时代的幸运儿，幸运地赶上我们国家招收女飞行员，幸运地赶上了第一批女航天员的选拔，并在加入这个队伍时就面临着清晰的任务时刻表，可是光有幸运又怎能走向成功，坚持才能造就幸运，汗水才能铸就成就。

飞行员对体能的要求是非常高的。我记得刚到飞行学院的时候，和运动员出生的战友相比，我是一个典型的后进生，学习成绩不错，体能却是倒数的。我常常一次又一次在心中默默地鼓励自己，但无论多慢、无论多晚，我都不会停下向着目标的脚步。有一个故事是说到达金字塔顶端的动物有两种，一种是雄鹰，靠着自己非凡的天赋和有利的翅膀，一下子就飞到了塔的顶端，而另一种是蜗牛，人们在塔的顶端也确实发现了蜗牛的痕迹。我相信蜗牛一定不会一帆风顺地爬上去，一定会掉下来再爬，掉下来再爬，但只要它到达了塔的顶端，它所收获的风景和雄鹰是一模一样的，而我显然也只是人群中的一只蜗牛。但起点落后并不意味着终点一定要落后，要想超越唯有更加努力。

从此只愿伴蓝天

1999年，当我第一次驾机翱翔蓝天时，我就被这片天空深深地吸引了，抗震救灾、消云增雨、空头散降、时兵演习，一次次的飞翔飞出了人生的美丽和价值。飞机撞鸟、机翼结冰、刹车失效、发动机振动，一次次行走在危险的边缘，一次次经历生与死的考验，却一次次迸发出勇气和力量。当我们机组密切协同，最终把飞机降落在跑道上，并滑进停机坪后，它再也无法启动。后来查明我的飞机撞到21只鸽子，打坏了一台发动机，堵塞了近三分之二的机器道，机头下面还被撞凹了一个大坑。那个时候我刚刚完成科目放单飞行，有着初生牛犊的勇气，下了飞机后，我不仅没有害怕，我还着急地说，我还有两个起落没有飞完呢。自1997年至2010年，我在空军整整飞了13年，大大小小的紧急情况数不胜数，但却始终未曾改变我对蓝天和飞行的热爱，那时我最大的理想就是有一天能够飞遍祖国所有的机场。

就在昨天晚上的时候，我到咱们空军院去看了一位第八批的女飞行员，她今天只有

28岁，在国庆60周年阅兵的时候，她曾驾机飞过天安门的上空。今年7月她在飞行的时候，突然遇到了双发停车，在迫降的时候遇到了一点意外，她腰部受伤，面部粉碎性骨折，能活下来已经非常不容易，她在床上整整躺了三个月。昨天我去看她的时候，她已经能下床走路了，就站在病房门口，我没有认出来她。2010年的时候，我和她在空军一起参加座谈会，那时的她青春靓丽，和现在是判若两人。我们俩在一起聊天，聊起了飞行，聊起了那次会议，当讲到飞行的时候，她对我说，刘洋姐姐我的腰受伤了，医生对我说，我可能将来连孩子都抱不了，我不知道我还能不能再飞行了。非常年轻的一个小妹妹，后来我跟她说你恢复得很好，而且现在康复手段也非常先进。她说，是的，我在积极地做康复，我争取有一天能够重返蓝天。在讲话的时候，她又对我说，刘洋姐姐我的面部粉碎性骨折，我讲话可能有点不是特别清楚，因为我的下巴上打了两根钢钉，我的整个面部嵌满了钢钉。什么叫热爱？我想这就是对热爱最好的诠释吧。

命运的转角

然而时代的变迁总会给人生带来意想不到的转角。2009年6月，第二批航天员的选拔正式启动，历时近一年后，2010年5月，我光荣地加入了中国人民解放军航天员大会。到2012年6月16日，执行我国首次载人交会对接任务，历时两年零一个月。太空虽然向女性张开了多情的怀抱，但却不会有所偏爱，训练质量不变、标准不变、要求不变，学习的内容也因为技术的拓展和进步，只多不少。时间对每一个人都是公平的，普遍意义上三到五年的课程，如何能在两年内高质量地完成呢？这个问题我不止一次被问到，因为我们站在了巨人的肩头，让我们走上了一条更为平坦的大道，一批的航天员在这里工作训练了14年。14年的磨砺、14年的积累，他们摸爬滚打积累大量宝贵经验，并毫无保留地传授给了我们，如何更好地学习、如何更好地训练、如何能有效地提供特定环境下的适应能力、如何避免再次走入弯路。

两年来我们二批7名同志，一头扎进学习训练中，过着外人看来苦行僧一般的生活。此时此刻，在我们的生命中只剩下了一个信念、两件事：代表祖国执行任务，学习训练，训练学习。那段时间，我成百上千次地重复同样的操作、模拟同样的程序，连做梦都是神舟飞船和天宫一号，闭上眼睛都能知道哪个按钮在什么位置，是什么形状、什么颜色，并能准确无误地操作，对飞行中的一切情况，熟悉得就如同呼吸一般。来北京两年的时间，我们从来没有逛过一次街，没有踏出过航天城大门一步。可这样生活的又何止是我们二批 7 名同志呢，航天员大队自 1998 年建立以来，14 名航天员面对一次又一次任务的选拔与考验，数十年如一日地坚持着、拼搏着。也许这样的生活会让旁人觉得辛苦，可我和我的战友却由衷地感受到了珍贵的幸福。

除了专业技术训练，我们还有许多特定环境训练，是极具挑战的。其中有一项训练叫转椅，这个转椅转动的速率是 1 分钟 60 转，并且要配合头动，叠加刺激。当飞行员的时候，转椅只需要坐 2 分钟，可到了航天员标准却提高到了 15 分钟。我自认为自己的前庭功能还是不错的，可当第一次转椅转到 5 分钟的时候，那种突如其来的眩晕和恶心，瞬间让我脸色苍白，满头是汗。5 分钟到底是坚持下来了，可是面对明天的 8 分钟，后天的 12 分钟，乃至最后一天的 15 分钟，我能坚持得了吗？不能吐，因为一旦呕吐，身体就会产生记忆，我可以喊停，但是一批的航天员大哥 14 年来没有一个人中途放弃的，我又怎能如此轻易地妥协。坚持坚持再坚持，想尽一切办法转移注意力，挺也要挺过 15 分钟，我做到了。为了有效地提高前庭功能，对抗空间运动病发生的概率，我每天都会在学习之余，坚持打地转，10 圈、15 圈、20 圈、30 圈，如今我以优秀的成绩通过了这项考核。还有当时用离心机进行超重训练，我开始也是精疲力竭，现在我能轻松地面对近 8 个 G 的负荷。

每天清晨，我都会对着镜子中的自己大声地喊加油、加油，每晚我都会问自己今天你努力了吗，为了梦想坚持坚持再坚持。因为我知道这个世界永远只有轻易的失败，却不会有随随便便的成功。当我最终以优异的成绩通过全部的考核，被确定为神九任务的首飞航天员时，那些搬着双腿上楼，连做梦都是实验操作、技能与原理的日子，显得那样意义非凡，那样弥足珍贵。

因为热爱，所以坚持

航天是个寂寞的事，初来北京时，许多的领导、一批的航天员大哥对我们说，你们要耐得住寂寞。我不懂，航天员，多么光荣而又充满刺激和挑战，怎么会寂寞呢？但是现在我深深地懂得了这些，万人欢呼的出征，一飞冲天的豪迈，鲜花簇拥的未来，对于航天员的职业生涯来说，实在是太微不足道了。几年，十几年，几十年，一辈子，大部分的时间都在重复同样的单调的生活，永无休止的训练，永无休止的考验，一次又一次严格的选拔，一次又一次艰巨的挑战。大家在用一生的坚持和执着、热爱与信仰，坚守着这份事业。我们不是不懂得享乐，我们总是在不断地计划着，等我们退休了，要和家人去旅游，等什么时候闲下来了，要痛快地看场电影，好好地睡个懒觉。

因为热爱所以坚持，因为热爱所以执着，翟志刚神五、神六两次入选梯队，却最终与任务擦肩而过，但他却用天空一样广阔的胸怀一次次为战友微笑送行，最终凭借着执着和努力，在神舟七号任务中圆满地完成了出舱活动。聂海胜以他坚毅执着的精神，五次入选梯队，两次执行飞行任务。聂海胜大哥他是神舟五号备份乘组、神舟六号的航天员、神舟七号备份人员、神舟九号的备份人员、神舟十号指令长，他执行神舟十号任务时已经是上将军衔了。刘旺、张晓光更是坚持了 14 年、15 年，从未放弃。

尽管到了今天，因为发射任务所限，第一批的航天员仍有部分还未执行过任务，有些因为年龄的问题，已经退出了这个队伍，永远没有执行任务的机会了，但他们的这份执着和热爱却深深地打动了我，感染了我。飞行的是英雄，默默坚持的更是英雄。

伟大而感人的事业

航天是个伟大的事业，我们把自己称为航天人，可往往一个人加入了航天队伍的大军，一家人就都成了航天人。从我加入这个队伍的那天起，我的爱人就在繁忙的工作之余，承担起了家里所有的责任。在我备战任务的两年中，妈妈住院，爸爸也动了一次手术，可所有的这些在当时我竟毫不知情，家人隐瞒了一切、承担了一切，只是为了能让我全身心地投入训练。其实在我们这支队伍，不能尽为父之责的，不能尽儿女孝道的又何止我一个。在航天员即将外出训练时，杨利伟的爱人却患肾炎住院了，他在妻子的病床前默默坐了一夜后，随着大队一起出发了。聂海胜的弟弟在母亲病重的时候，对哥哥说，咱俩分个工，你为国家尽忠，我在家尽孝。很多和航天员熟悉的人都会说，你们对家人可真好，这好的背后是对父母、家人无限的愧疚。

航天是个特别感染人的事业，加入这个队伍以来，我曾多次听到过神舟五号和老华侨的故事。在神舟五号发射成功后，一位老华侨热泪长流，他激动地说，我们的航天员飞得有多高，我们的头就能昂得有多高。从此这个故事就深深地印在了我的心中。我们在流淌了千年的洛水河畔，参观了最早的东方红发射塔架，听了七勇士的故事，瞻仰了东风烈士陵园，从最早的 6 个英灵，到现在的 600 多个，百倍增长的背后，是我们国家航天事业巨大的发展和跨越。

奋斗的荣光

奋斗的历程总是艰辛的，但这艰辛却又浸透了别样的幸福和光荣。这样的一种生活，如果你不曾体验，你不会懂得它的艰辛；这样的一种艰辛，如果你不曾经历，你也不会懂得它的幸福。在航天事业的大道上，千千万万的航天人，手握手、肩并肩，充满力量和信念地一往无前。在执行任务之前，我总是不明白，为什么在向总指挥报告的时候，要用出征这个词。这是多么大的一个词，千军万马、波澜壮阔，甚至还带了那么一点点莫名的壮烈。可是现在我深深地懂得了，没有比这个词更合适的语言了，我们就是去打仗，带着无比坚定的信念，抱着无所畏惧、英勇牺牲的决心，带着祖国和人民的重托，和千千万万的航天员一起征战太空。出发的只有 3 人，可是飞翔着的却是全体的航天员、全体的航天人、全世界的中华儿女。

2012 年的 6 月 9 日，是我们离开北京航天城到酒泉卫星发射基地的日子。我不会忘记那天在北京航天城出征仪式上，广场上回荡着的是《祖国不会忘记》这首歌壮美的旋律。“在茫茫人海中，我是哪一个，在奔腾的浪花里，我是哪一朵。不需要你认识我，不渴望你知道我，祖国不会忘记。”那一刻，我豪气万千，强忍住要夺眶而出的泪水，向送行的亲人、战友挥手告别。出发了，即刻奔赴战场，即使此去天路迢迢，即使千难万险，即使粉身碎骨，又有何惧又有何憾。

当火箭点火起飞的时候，我们三个人不约而同地敬了一个军礼，没有约定俗成，却从神五到神十，大家不约而同地如此表达，这就是一个军人庄严而神圣的承诺。

飞向太空

天宫一号与神舟九号，首次载人手动交会对接任务，创造了中国航天史上的多个首次。在绕地球飞行29圈后，天宫一号与飞船进行了成功的自动交会对接，我们顺利进入天宫一号，中国航天员第一次在太空有了自己的家。

虽然我对太空有着无限的遐想，但当我真正进入太空时，还是被眼前这个无法用语言来形容的美震撼了。在深邃苍茫的宇宙间，仿佛才明白了什么是宽广，领悟了什么是无限。太空独特的失重环境，在考验人的空间耐受力的同时，也给我们独特的体验，使我时时刻刻都感觉自己像一条自由自在遨游的鱼，无拘无束，所有的物品都因为没有了重力飘浮着、飞翔着，仿佛有了生命一般，与地面截然不同。太空是美丽的，从340公里的地方遥看地球，这颗星球在茫茫的宇宙间显得那样耀眼。当我第一次透过舷窗看到地球的时候，我还是忍不住对两个师兄大声地喊，师兄你们快来看，地球真的是圆的。

太空是神奇的，人在太空中心会变得宽广，随着身体的失重，有许多的东西会变得很轻很淡，比如名与利，可人的心却不会失重，有许多的情感则会在心底变得更加清晰和珍贵。比如远离了地球才更懂得地球家园的可贵，远离了祖国才更能体会到祖国的重要，远离了亲人才更知道了亲人的牵挂。在太空飞行的这13天中，我们无时无刻不为祖国感到骄傲和自豪，无时无刻不感受到来自祖国和人民强大的支持。每当飞船飞临祖国的上空，我们总是情不自已地聚在舷窗边遥看我们的祖国，那里有我们的亲人朋友，有朝夕相处的战友，有血脉相连的同胞，那是我们的根，最让人牵肠挂肚。

6月28日9时22分，我们在完成手控交会对接和一系列空间科学实验任务后，按计划开始踏上了返回地球的征程。当我完成各项状态设置，要离开目标飞行器时，我向它深情地敬了个礼，挥了挥手，在心中依依不舍地说，再见了我的太空之家，不久之后我们还会再回来的。6月29日，人们用呼唤和喜悦把我们从太空中接回了家，任务成功了，大家把鲜花和赞誉都送给了我们，但我知道我只是一名普普通通的航天人，一名赶上了好时代的幸运儿，是几代航天人，是几十万航天大军为我们铺就了飞天之路，是祖国和人民把我们送入了太空。

任务结果后，我收到了许多来信，也参加了一些活动，同大家共同分享了任务成功的喜悦。他们在祝贺的同时，也与我分享了他们的梦想和经历，同时也给予我许多感动和力量。所有的这些都感动着我，激励着我，播下一粒种子，点燃一个希望，或者是传递一份力量，增加一份勇气，我想这就是我们之所以要分享经历的意义和价值。梦想其实并不遥远，只要我们努力地踮起脚尖。

精彩访谈

主持人：我们在网上看到有这么一个特别有意思的问题想请教一下，这个问题是这样的：请问，选航天员要看脸吗？为什么航天员的男生都这么帅，女航天员都这么美呢？

杨利伟：这个我想显然是一个肯定的问题。为什么呢？因为作为航天员来讲，要求我们要有一个很健康的身体，那么我想这个健康不单单是内在的健康，包括你外在的健康、精神的健康、心理的健康，所以呢，我想这是肯定的，我们的航天员跟大家一样都是非常正常的、普通的中国人。所以呢，我想不单单是我们代表了大家，大家同时也代表了我们，我们是一样的，我们都非常地帅和漂亮。

主持人：我们总是感觉航天员的心理素质特别好，不仅仅是在整个航天的执行任务当中，从来都没有畏惧，而且他们成功之后也是宠辱不惊的。所以我们很想问，像这样的心理状态和这种心理素质是怎么能够练就的呢？

刘洋：我可以提示一下，我觉得这个问题杨主任回答再合适不过。因为大家知道神舟五号是我们国家载人航天的首次，大家可能不知道，当他飞天的时候，特别是回来成功的那一刻，底下的工作人员都哭成了一片。而且在飞船点火的那个时候，大家知道他的心跳只有多少吗？有人回答了，70，所以我觉得这个问题杨主任回答最合适。

主持人：有请杨主任，杨主任你现在听我们热烈掌声，心跳有没有超过 70？

杨利伟：我现在的心跳肯定超过 70 了，因为看到大家那么地热情。我想刚才讲到了航天员和大家一样，我是普普通通一个老百姓。航天员这个职业带有了它很多的特殊性，要求航天员不单单有一个健康的体魄，还要有丰富的知识，那么还要有一个很好的心理状态。这样才能在我们面对山崩地裂般的火箭腾飞，面对很多风险的时候，你不能去影响你的工作。

这里面有很多我的理解，可能有一部分是你与生俱来的性格所决定。我和刘洋都是飞行员出身，当飞行员的时候，我们进入飞行学院的淘汰比例非常大，就是说它有一个特殊的职业要求。还有一部分我觉得是我们在后天的生活、工作，给我们的经历带来的经验性的东西，我想这个是非常重要的。不单是我们国家，包括世界其他国家，在首批的航天员里大部分，特别是职业航天员都从飞行员当中选拔是有关系的，这种生活和工作的经历给你带来的，比如说像刚才刘洋讲到的，她碰到的鸟撞飞机这种。对她来讲，都是一种经历，是一种锻炼，更多的是一种磨炼。第三部分作为航天员来讲呢，我们还有心理的一些训练。这三部分是作为职业的，对我们的要求，更多的我想还有一个对你所从事职业的一个理解。

当你真正理解了飞天它的意义所在，在我们航天大队的门口上放有一句话说，祖国利益高于一切，这就是我们怎么去理解我们的事业，因为它是一个关乎国家的工程。这个利益是我们能够义无反顾去追求的一种动力，所以真正理解了它的利益之后，当你再去面对风险的时候，可能你真的不会去多想，你只是说我作为一个航天员去完成一项任务。

同学：我现在入学已经近三个月了，成为一名国防生已经不少时间了，但是心里对于国防生这个身份仍然存在一些困惑。请问你当年在报考军校，到现在成为一名真正合格的军人，中间这段时间怎么度过的？这段岁月、阅历，对你后来的人生有了什么样的影响？

杨利伟：实际上这个是一个很好的问题，这也是我们特别是作为一个航天员，当我们执行任务回来之后，经常思考的一个问题。刚才实际上在刘洋的整个报告里面也回答了这些问题。我们当代大学生本身就是国家一种希望和未来，在这里也还有一份责任和担当。特别是作为军人，军人这个职业又意味着奉献和牺牲。我记得刚才刘洋在做报告的时候也讲，我们每一个航天员在出发时，特别是在我记得我执行任务的时候，当我们0号指挥员在倒数秒的时候，我在飞船上给大家敬了个军礼。为什么？因为航天员首先是一名军人。军人这个职业就意味着奉献和牺牲，这是作为一个职业的担当，这是一种责任。所以这也是很多人说当你去面对那种风险，为什么保持很好的心态，也是这样的，这是你的职业给你带来的，同时它也有一份骄傲和自豪，作为一个军人的骄傲自豪，特别是作为中国军人的骄傲和自豪。

这里面作为我们的国防生比其他的一些同学可能还有很多训练、很多科目，在这里面可能会有更多的训练。我想为了这身军装，为了这份担当，我们还是需要去坚持，怎样去通过我们的坚持，来实现我们自己的一个梦想。这个我想是我们面对的、克服的东西。所以我在这里也希望，无论是我们的其他的大学生，还是我们的国防生，当你们作为一个中国人，当你们在分享着我们国家高速发展给每一个人中国人带来的这份骄傲和自豪的同时，我们应该去勇于担当，为我们国家将来的发展，为我们中国梦的实现去负一份责任。谢谢。

同学：我想问一下刘洋姐姐。我想参加招飞是为了实现自己能够畅游蓝天的梦想，而参加航天员的选拔和训练，也是为了实现自己离太阳更近，这样一个进入太空的梦想。但是我知道在第二批航天员的选拔结束之后，第一批的14位航天员有的人就未能执行任务。那如果你此生都没有实现进入太空这样的梦想的话，你认为这么长时间的付出值得吗？

刘洋：谢谢你的问题，我觉得这么长时间的付出也是值得的，它的意义我认为有两个方面。其中有一个借用刚才报告中一位航天员所说的话吧，只要我当一天航天员，我就要为飞行做好最充足的准备，即使我没有飞行，我积累下来的数据也是有用的，即使我没有飞行，我也是航天大军中的一员，我为了这个事业贡献我的心血和智慧，我觉得是值得的。对于我个人而言，飞天是我的梦想，我为了这个梦想努力过、拼搏过，即使没有实现梦想，即使没有成功，但我拼尽了自己的全力，也就没有什么遗憾了，谢谢。

杨利伟：我想跟你讲个小的故事。为什么呢？作为航天员来讲，我们去执行任务，大家看到的是航天员在太空当中所展示的中国的风貌，实际上在我们背后还有成千上万中国人在默默地奉献，为了这一刻，就像刚才刘洋所讲，比如说在我们的九泉发射场，600多名烈士默默地献出了自己的生命。

我返回来之后，我记得我回到航天中心，我们的一个老专家，白发苍苍，他已经退休了，他拉着我的手，流着眼泪讲，我干了几十年的航天，但是我没有亲手把你送到太空当中去。实际上我想他的内心里面虽然有遗憾，但是也有一份骄傲和自豪。所以我们讲载人航天是一个系统工程，它不是哪一个人、哪一个集体，或者哪一个单位所能去完成的。它是一个很庞大的系统工程，有很多人，我们直接参加工程的10万人，有3000家单位参与工程，这还不包括我们的很多支持者，还有全国人民大力支持，实际上这项事业是一个我们国家的、民族的事业，有那么多人在默默地为此而努力，为此而奋斗。我们航天员非常幸运能够去执行任务展示给大家，所以我想无论是作为一个航天员，还是我们每一个航天人，说到最后还是一种责任，所以我想每一个都不会遗憾。

龙永图 解读『入世』谈判

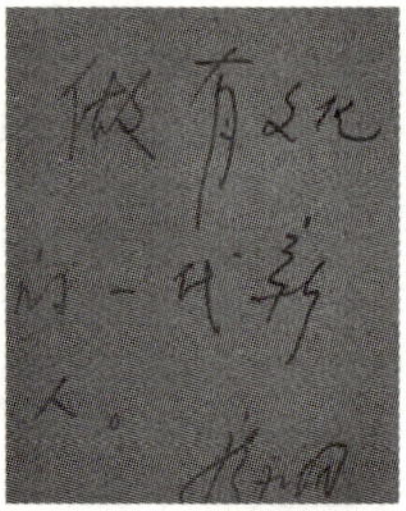

2

主讲人：龙永图

他是一名经济学家，曾经代表中国参与“入世”谈判。

他是一个朱镕基式的人物，总是给人以聪明、干练、果断的形象。

他是英国留学生，从事过外事翻译，研习过经济理论，担任过部委领导。丰富的外事经验和深厚的经济学功底，使他在中华人民共和国的经济发展史，尤其是对外经济发展史上留下了浓墨重彩的一笔。他就是中国“入世”首席谈判代表、博鳌亚洲论坛原秘书长龙永图。

精彩语录

1. 不是平等的关系，绝对不是稳定的关系。
2. 我当时的中国梦是做最好的翻译，但是成了中国最重要首席团的代表。
3. 世界要走向中国，中国要走向世界。

解读“入世”谈判：不是平等的关系，绝对不是稳定的关系

众所周知，中国加入世贸组织经历了一场长达 15 年的“拉锯战式”的谈判， 2001 年 11 月 2 日，我宣布了中国“入世”最后时间表排定，11 日签署“入世”全部文件，标志着中国对外开放走向一个新阶段。

虽然时隔多年，这场谈判中发生的小故事，对我而言，仍历历在目。我记得“入世”谈判之初，一些人的态度强硬，甚至将这场国家之间经济合作的谈判深入到了政治问题，但除了在国民中获得一些“廉价的掌声”外，并没对谈判本身起到任何帮助。所以，在外交谈判时，强硬是最容易的，但不解决问题。

而“入世”谈判中最关键的一环“与美国谈判”，我清楚地认识到美国人是最实际、最讲利益的民族，因此谈判时，一定要给对方讲清楚可以获得利益的方面。但在谈判的过程中，与他国搞好关系的同时，更重要的是保持尊严。我和美国人谈了 10 年，从没请他们吃一顿饭。因为和他们打交道，不是平等的关系，绝对不是稳定的关系。

我记得，1999 年，时任总理的朱镕基访问美国时，非常希望能和美国签中国“入世”协议，但却被克林顿拒绝了。回国几天后，朱总理接到克林顿电话，对方表示愿意签，我当时就在旁边，紧张得心里怦怦直跳。但朱总理却在电话里说：“不是前几天说不能签吗？签协议是两个国家的事，不是说美国想签就签，不签就不签，天下没有这样的事。”

就像一个家庭一样，如果丈夫和妻子不平等，家庭也会出问题。

兼谈梦想：最初想成为最好的翻译，却成了一名谈判代表

时隔八年，再次来到电子科技大学，我对学校的变化感慨万分，甚至回忆起我年轻时在贵州大学求学的经历。我从初中开始学习英文，毕业于贵州大学英语专业。但是由于当时条件艰苦，大家可能很难想象，我在校时，根本没接触过英文广播和报纸，更没见过外国人。

大学毕业后，我被分配到国家外经贸部。来到北京后的第一件事，便是去故宫附近逛逛，因为那里经常会有外国人出没，我想检验下自己的英语水平，和他们（外国人）说说话。有一次，真的让我遇到了两个英国老太太，三个人聊得很开心，我觉得很开心，我说的英文她们能听懂，而我竟然也能听懂她们说的，看来学校没骗我。

当时的我认为，自己的中国梦就是想做个最好的翻译，没想到一次偶然的机遇却让我成了一名谈判代表。那是中国“入世”谈判之初，和美国的谈判进行得缓慢而困难，甚至和美国人争吵得很厉害。李岚清说，我们需要一些能用英文和美国人吵架的人。后来，一次偶然的翻译机会，为我开启了“用英文和人吵架”的谈判代表之路。

我如今已年过七旬，在我看来我的人生该回归平淡和简单，人生有时既要向目标发起冲击，又要保持真诚而淡定的心态。

展望未来：对“中国梦”充满信心

2004 年我国的电子信息产业销售收入已达 2.65 万亿元，成为仅次于美国的全球第二大电子信息产业大国。加入世界贸易组织之后，围绕着电子信息产品的国际贸易争端不断增多，我国的彩电、集成电路、光纤等产品在国外市场受到重重阻挠。对于我国电子信息产业竞争力，我的观察就是，中国的电子信息产业在很多领域都走到了国际前列。经过多年发展，我国的电子信息产业首先在规模上积累出了巨大的“体量”，这就为进一步提升“质量”打下了良好的基础。可以说，中国从电子信息产业大国向电子信息产业强国的发展已经水到渠成了。对这一点，我们很有信心。

同学们可以看看华为和中兴，它们的产品“打遍全世界”，是我们的骄傲。2001 年华为在美国设立总部后，来自美国企业和美国政府的刁难就接连不断。“中国越强大，美国就越打击。打击不是抽象的，看好一个苗头打一个。”华为的创始人兼总裁任正非曾说，“美国现在设置壁垒，我们就暂不进去，等他们需要我们的时候会欢迎我们！”

华为是很自信的，而且在处理和美国的贸易摩擦时富有经验，那就是“在商言商”。华为现在很厉害，所以会招致贸易摩擦。面对这些贸易摩擦，华为需要更具竞争力，到一定程度，摩擦和阻挠就会变成鲜花和掌声。

“华为被逼到这地步，只好奋起竞争，除了超越，还有什么路可走？”所以，遇到贸易摩擦不要害怕，进而言之，我们要提升自己的竞争力，这是解决贸易纠纷的最好办法。

而提升竞争力，离不开人才的强大支持。中国进入信息化时代以后，电子信息科技人才显得愈加重要。同学们在电子科技大学学习，所处的正是这个时代的朝阳产业，我真诚地希望你们好好学习，为国家发展做出更大的贡献。

现在西方国家似乎越来越从积极推动“贸易自由化”的姿态退缩到了“贸易保护主义”的时代，动辄发动“反倾销调查”，非关税措施层出不穷。

这种现象一点也不奇怪，因为它符合经济发展的规律。一个国家越强大，它就越是开放、自信；反之则越是封闭、自守。中国等新兴经济体正处于快速上升阶段，所以对贸易自由、投资自由十分欢迎，并且通过切实的措施推动这一进程；但欧美国家正处于经济困难阶段，特别是金融危机以后，经济发展放缓，产业处于守势，在这种情况下出现"贸易保护主义"抬头的态势是可以想见的。

2001 年中国加入世界贸易组织时，国内部分学者认为此举弊大于利，尤其是在国内工业、农业实力均弱于西方的情况下，对外开放将造成灾难性的冲击。现在回看当时的争鸣，我认为加入世界贸易组织是国家和民族的大事。在它的前景还不是很清晰的时候，出现质疑的声音是很正常的。但是，加入世界贸易组织后十几年的发展成绩表明，当初中央的决策是十分正确的。

2005 年，中国的 GDP 超过意大利，位居世界第六位；2006 年超过法国、英国；2009 年超过德国；2010 年超过日本，成为世界第二大经济体。这个"奇迹"在世界历史上是绝无仅有的。

历史证明，当初的一些质疑是没有根基的。他们过低地估计了中国经济的应变能力和增长潜力，所以引发了"与狼共舞"的杞人之忧，生怕加入世界贸易组织会"引狼入室"，对国内经济造成冲击。

"实践是检验真理的唯一标准"，这一点不会因为质疑者的口才和文采而发生改变。实际上，我国的经济体量大、市场大，接受冲击的能力比较强。这个缓冲作用，为中国民族工业提供了由小变大、由弱变强的战略机遇。

我国建设"丝绸之路经济带"和"21 世纪海上丝绸之路"获得了良好的国际反响。"一带一路"的建设，对中国和"一带一路"沿线国家的发展都具有十分积极影响。刚刚结束的 APEC 会议十分强调经济的"互联互通"，这其实是一条重要的致富道路。"要致富，先修路"就是这个道理。

中国为什么要推动"一带一路"沿线国家"共同富裕"呢？这是因为其他国家的富裕将为中国提供广阔的市场。从长远来看，帮助周边国家就是帮助中国自己，是为中国的未来培育市场。

一个好的经济学家或企业家，不但能看到当下的问题，还要看到未来的发展图景。现在中国发展很快、市场很大，让"一带一路"沿线国家搭上中国的发展快车，共享发展成果，这是互利互惠、共进共荣的。因此，"一带一路"实际上是从战略高度谋划中国的未来和世界的未来，是中国为世界经济发展所做的重要贡献。

需要增强创造活力 实现中国梦

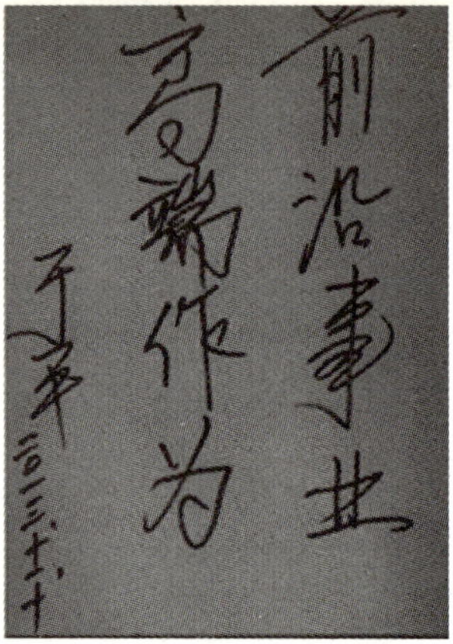

3

主讲人：于平

他是于平，
他曾是北京舞蹈学院的院长，
他曾在艺术司做了三年副司长和五年司长，
用他的话说，他是一个文化人。
现在，他是文化部科技司司长，
同时，他也是北京大学和北京师范大学的兼职教授，
主要著作有《中国古典舞与雅士文化》《中外舞蹈思想概论》《中国现当代舞剧发展史》《高教舞蹈综论》等。

精彩语录

1. 实际上在国家博物馆讲的时候，有这样一个历史的维度，这个梦想凝聚了几代中国人的夙愿，体现了中华民族和中国人民的整体意义，是每一个中华儿女的期待。

2. 我们每一次壮大了，想对这个体系的不公平之处，提出我们的主张和看法的时候，大家看到，其实非常地困难。有时候纯经济的活动，它都对你加以限制。

3. 我说的这一句话，在文化强国建设的关系当中，以人为本是核心，以文化人适用。

4. 现在大家不同的文化背景，在一起以后，一开始是要互相包容的，在包容当中会有利益诉求的共同点，就要融合。

5. 我创造的目的就是解决当下的问题，非常明确。能把这个问题解决得最好，这就是最好的创新。

中国梦的文化渊源

今天跟大家沟通中国梦的实现这样一个问题，我主要有七个部分。第一点呢，我们先讲一下中国梦，从文化的角度，我们要做什么，就是中国梦要创造中华文化新的辉煌。

中国梦在报刊上相关的论述已经非常多，以前的表述，不光是对它的基本内涵做了重要的遵循，进行详尽的阐述。我们也见过很多文章，比如拿中国梦与美国梦做比较。甚至近期还有文章说八十年前，就有过关于中国梦的讨论。然后当时的文化人就争相谈论着自己的中国梦。

现在的中央政治局常委刘云山同志对中国梦有一个非常深刻的理解和阐述。刘云山同志说："实现中国梦，实际上就是新一届中央领导集体对全体人民的庄严承诺，是我们党和国家未来发展的政治宣言。"中国梦在国家这个层面呢，我们看到刘云山同志说的是党中央领导集体，对人民的承诺，代表着党和国家未来发展的政治宣言。

他还说中国梦进一步揭示了中华民族的前途命运和当代中国的发展走向。中国梦的提出是在总书记参观复兴之路的时候提出来的。总书记为什么用中国梦这样一个概念呢？云山同志说道，作为新的中央领导集体对全体人民的庄严承诺。在总书记这里，它是一种形象，是一种群众易于接受的表述。通常是说，我有什么话要讲，要选择一个适合讲这个话的地方。为什么要在国家博物馆，国家博物馆是文化部的一个直属单位。国家博物馆被认为是中华民族的宗旨，所以谈中华民族的复兴，在这里敞开来讲，是最好讲的。那么我们说中国梦就总体的表述来讲有两个维度。实际上在国家博物馆讲的时候，这样一个历史的维度，这个梦想凝聚了几代中国人的夙愿，体现了中华民族和中国人民的整体意义，是每一个中华儿女的期待。大家知道中国梦的提出，不仅是中国人民关注，其实整个世界也在关注。

那么中国梦，作为中国理想的通俗表达，之所以能够得到迅速的呼应，引起这么强烈的反响，是因为它体现了“三个顺应”。一是顺应了当今中国的发展大势，昭示了党和国家的宏伟图景；二是顺应全国各族人民创造美好未来的热切期盼，反映了全体中华儿女梦寐以求的共同心愿；三是顺应了世界发展的进一步潮流，展示中国为人民文明做出更大贡献的意愿。大家可能知道总书记在宣传思想工作会上，提出我们的工作要因势而谋、应势而动、顺势而为。实际上中国梦的提出，本身就体现了这一点。

在8·19全国宣传思想工作会议上，总书记说了这么一段话：“中华民族创造了源远流长的中华文化，中华民族也能够创造中华文化新的辉煌。”实际上就是把我们能够创造中华文化新辉煌的能力跟我们这样一个源远流长的历史悠久的古代文明联系在一起。中华文化源远流长，其实说明这个文化可持续。很多人在谈到中华文明的时候，一直强调的，不是光叫它五千年，而是强调它五千多年不间断。曾经也有人说中华文明的这个五千年不间断，从历史角度看它是一种强势文明。十七届六中全会，也专门为文化开了一个全会，做了一个决定，就提出要建设社会主义文化强国。你要建社会主义文化强国，就要了解强势文明是怎么一回事。

强势文明

在文化层面上如果我们跟非洲比，我们可能早就是文化强国了，所以跟谁比，这个是我们要反省的。我们在建文化强国的时候，可能比较多地关注文化产业的产值占GDP的比重，实际上在十七届六中全会召开的时候，我们国家文化产业的产值占GDP的比例只有2.75%，而美国一直是在23%到29%之间，日本则是在11%左右。所以后来我们说，你只要把文化产业作为国民经济支柱性产业就必须达到在5%以上。另外，在中央宣传思想会议上，中央政治局委员中宣部长刘奇葆有一个讲话，其中提到了一个叫国际的文化贸易数据。这个贸易的数据，是一个什么状况呢？在文化上的国际贸易，美国是占到了 43%，整个欧洲占到了 34%，中国在世界上的文化贸易才百分之三点几。所以你就看到这么一个文化产业占自己本身的 GDP，然后文化贸易在国际上所占的比例，我们确实有很大的差距。所以我们的文化产业大部分是关注，就是我们讲的，你跟谁比啊，其实我们也不是说跟谁比，但是一个是关注美国，第二个是关注东亚，东亚可能大家关注到，提得比较多的是印度，还有一个欧洲，欧洲提得最多的文化创意，其实是关于法国的，他们就是这样维护自己的民族文化。我个人感觉博物馆也值得关注。现在我们来审视当代历史所面临的强势文化，肯定是不能不审视的。

布热津斯基，曾经的美国的国务卿，他写了这么一本书，叫《战略远见：美国与全球权力危机》，后面这句话，已经说明了他对美国的审视，是要把美国放在一个全球全面的视角上。我们通常用一句话，说美国总想做国际警察。那他在这本书里面，其实就暗示了什么是强势文明。

这本书一共分成四个章节。前面两章的标题就是《衰落中的西方》和《美国梦的消失》。虽然讲了“衰落的西方”和“美国梦的消失”，但是布热津斯基他非常自信。他说在可以预见的未来，就是二十年，他认为这个世界仍然在很大程度上由美国来塑造。为什么他有这个定位呢，他说因为美国可以充分利用它现在六个方面上所存的实力。虽然美国梦消失，但是我还有六个方面的实力，我们要看当代世界的强势文化，就看影响它全球权力的，到底是哪六个方面的实力，这个非常值得我们关注。布热津斯基谈这六个方面的实力，第一个是总体经济实力，第二个创新潜力，大家要理解我们为什么要实现中国梦，要增强创造活力，第三个就是它的人口福利，第四个是民众响应能力，第五个是地理基础，第六个是它的民族信誉。

那他除了讲美国具备实力，他还讲了其他哪些国家没有这种可能性，所以他要说说俄罗斯有没有这个可能性，要说说中国有没有可能性。但是我们也知道，中国从来就不想当世界警察。我们现在老是讲，为什么叫中国的和平崛起，是我们的历史文化就决定了。但是它那里面呢，他是这么说来着，对中国说了这么一段话，他说中国做好在世界上扮演美国角色的准备。那我们的回应是，我们就没想扮演美国的全部角色。但有一些呢，他也看到，然而那个我们不认账。他认为中国有令人敬畏的帝国历史，以及慎重而耐心的战略传统，这实际上就是说，为什么中国一旦要崛起，世界上会有一些恐慌。当然有些是找一个借口，为自己的某些行为找借口。

全民族文化创新

但是我们又不能不进入西方国家制定的世界秩序，但是我们每一次壮大了，想对这个体系的不公平之处，提出我们的主张和看法的时候，大家看到，其实非常地困难。有时候纯经济的活动，它都对你加以限制。所以从这里面我们就能看到，我们要实现中国梦，要创造中华民族新的辉煌，确实是关键要增强全民族的文化创新。

在十七届六中全会做出的这个决定当中，是指出的要坚持中国特色社会主义道路，努力建设社会主义文化强国，十八大报告，因为它不是光谈文化问题，它其中有一个章节，五位一体的建设，就是经济建设、社会建设、政治建设、文化建设和生态文明建设。那么在文化建设这个章节用的标题，就是扎实推进社会主义文化强国建设。讲述了我们从中国梦的视角来解读社会主义文化强国建设，不是从整体上谈中华民族的复兴。

我们确实可以把这个中国梦理解为中国文化的伟大复兴，也就是总书记所说的创造中华文化新的内涵。十八大报告，就社会主义文化强国建设，我觉得有两个要点比较重要。一个就是必须走中国特色社会主义文化发展道路，这是我们经常讲的道路决定命运，所以先强调道路。道路以后，就是第二个，我们最关键要做的是什么？是增强全民族的文化创造活力。在报告里面涉及全民族文化创造活力，就有这么两句话：一个是要一切文化创造、源泉创造充分引流；另外一个就是要让全民族文化创造活力持续的迸发。

在谈到增强全民族文化创造活力的时候，要注意到十七届三中全会的精神，它提出了三个准确，一个就是要准确把握经济社会发展的新要求，所以与时俱进它不是一个空洞的口号。要准确把握当今时代文化发展的新趋势，准确把握各族人民精神文化生活的新期待。当然决定当中还提到，要以科学发展观为主题，以建设社会主义核心价值体系为根本任务，以满足人民精神文化需求为出发点和落脚点，以改革创新为动力，这是我讲的第三点。

文化建设的动力

我们整个文化建设当中，谈到引擎的，谈到动力的，就是谈到两个方面，一个就是体制改革。体制改革说明我们原来的体制，不太适应我们后来的发展了。除此之外，在文化发展里面，没有说把别的东西作为动力。

我发现部门领导的讲话，一谈文化与科技融合，习惯的思维，就是先要说，从历史上看，文化是怎么影响的科技，科技怎么影响的文化。可是在文化这个系统里，我感觉不是这样。我说文化与科技融合，文化其实一直很难提出主动性的要求，在大部分情况下，它还是抵御的，所以文化与科技融合，它的事实是科技向文化领域的选择性切入，它选择什么呢？选择商业模式，或者叫盈利模式。

实际上它是科技已经有了现成的技术，然后选择性地切入，到那儿再找商业模式，但是面对这个切入呢，第一个文化为什么它没有主动性，因为它不知道现代科技能干什么，你说它要什么？所以我们在文化里面的科技，大概就是图书馆运用得比较好。第二个大家知道，科技进来了使我们原来的运作方式发生了变化。这个会造成一种叫作结构人才过剩的现象，也就是说你要从利益固化的角度，他觉得他的利益会受到侵害。我常年在艺术司，大家看到现在一说灯光、机械舞台怎么样，我们表演艺术的人就说，我们要保护艺术本体，你那样做了，我们表演还有意义吗？

2008 年，现在过去五年，长春同志提到五个方面的创新。我们现在可以说，关注的都不是特别的充分，就是我们为什么要把它放在这儿。在文化的创新发展当中，第一个是要加快建立以文化企业为主体，市场为导向，产学研相结合的文化传统体系；第二个是不断推动文化内容的创新，推动不同艺术门类和文化活动的相互融合；第三个是运用现代科技所开发利用民族文化资源，改造传统文化产业，催生新的文化业态；第四个是适时整合优势文化资源，积聚各种最新创作理念和创作方法；第五是要探索与市场接轨的三农模式。所以我觉得我们有一种紧迫感。五年前提到的要关注的这些方面，我们也能看出在文化领域里，从体制到观念的变革的艰难。

大力推进文化创新的原因

那么这里面为什么要大力推进这些创新，我们不多说了。我们通常就会讲到几个方面，人民群众日益增长的需求，经济发展方式转型的需求。此外还有更重要的，这个就是我们在进入全球化进程以后，要顺应现代科技迅猛发展和广泛运用的新趋势。第二个是要适应对外开放，不断扩大新形势，提高中华文化国际影响力和竞争力。大家知道，我们现在老在强调文化走出去，但是我们以前的文化走出去，更多的是交流。换句话说，我们自己掏钱走出去，不是文化贸易。

我们对美国大片最纠结的，不仅仅是因为它占领了市场，它抢占你市场的同时，还宣传了它的核心价值观。那么回到我们前面提到的布热津斯基，他在谈到美国应对全球危机的时候，说了这么一段话，他说美国要是想成功实现自我进步，就必须重塑社会文化中心。也就是美国人如何定义自己的理想和国家梦，他也有他的国家梦。所以他自己做了一个自我设问。第一个是物质利益的获取，是否大大脱离了便利舒适和自我满足，这是对美好生活的终极定义。什么意思呢，就是人家也讲，我们人是有物质需要，但是呢，你要脱离了这些，不能有奢靡之风，便利就行了，舒适就行了。第二个，他说耐心地坚持不懈地进行国内改革，能否把美国变成一个建立了充满效率活力和创新的基础上，在文化学术和精神上更进步的智慧型社会。因为我们之所以关注美国，前面我们讲的，是关注当代社会的强势文明，他想做的事太大，他想做的是全球权利。然后他觉得其实全球权力有所失落，也不代表美国就一定失落。可是他一定要放在那个角度上来谈自己，然后他也调整自己。对我们来说，强势文化所要调整的东西可能也是我们现在要早早防备的东西。

美国在这个时候，他也要注意，避免退缩到无知和闭关自守的心态，还有一个，不要沉溺于自以为是的文化享乐主义之中。所以我们讲全民族文化创造，我们不仅是强调文化发展制高点，还是提高中华文化国际影响力和竞争力，都说明我们文化强国建设还需要进行文化创新。

城镇化与文化创新

诺贝尔经济学的获奖者，斯蒂格利茨说，美国的新技术革命和中国人的城镇化是二十一世纪带动世界经济发展的两大引擎。当时我没细想，我说了不得。这个带动世界发展的引擎，中国有一个。只是后来要谈这个问题之后，我说这两个引擎根本不在一个层面上。人家是高新技术强力驱动，你只是一个需求，你城镇化是一个需求拉动。虽然都是引擎，但是确实不在一个层面上，然而对于我们当下的文化建设，关注这个需求也很重要。

我国目前经济发展的潜力在于城镇化，城镇化也是我们发展文化的潜力之所在。我们要建国际化的大都市，我这里面讲了，相对于乡村社会而言，城市有着更为庞大的人口流动和更为复杂的人际关系。到处涌来的，各有各的文化背景，不存在着入乡随俗，我是别的地方来的，我要融入成都，我一定要遵守成都的规矩的说法。现在大家的文化背景不同，在一起以后，一开始是要互相包容的，在包容当中会有利益诉求的共同点，就要融合。实际上这融合起来的一些新文明，至于你说那就是它的特色，可以这样说，但是它不是为特色而存在的。天津前两个月讨论这个文化强势建设，然后文广新局的局长，原来是我们中宣部的，后来是在做文艺部主任，很多年的朋友，请我去了，我当时记得一句话，他说，城市文化在其本质上是漠视并淡化地域特征的。

他谈天津文化强市建设，我说你如果非要谈特色，假如说是未来形成的特色，我们现在看不到，因为它背后很多随机的偶然性。如果是要往以前看，就是我们以前什么特色，现在发展还要固守这些来组织文化吗？因为时代在发展。尽管我们形成了，也是在整合了一些小地域形成的大规模特征，并且还会在更大的区域流通。那么为什么要指出城市文化，乃至城市精神这样一个特征，就在于我们要关注城镇化进程中文化创新的特质，你要知道你关注以往，这就是我们长期强调的一个理念，叫继承创新。

文化的集成创新

在文化建设里头，一手抓文化事业，一手抓文化产业。我觉得我们在创新层面上来讲，应该一个抓继承创新，一个抓集成创新。我是特别关注这一点，而且我觉得我们现在持续活力不够，就是因为集成创新的理念没有得到确立。所以第六点，我们就要谈一下关于文化的转型发展与集成创新。

集成创新作为我们的一种行为模式，它本身也是我们这么多年形成的一个事实，所以我说，我们民族数千年有农耕文明形成的文化品牌，其漫长的积淀和缓慢的变迁，铸就了这样一个继承中心的文化发展理念。但是继承创新，我为什么讲，其实我可以说它是有问题，但是我愿意说它有局限。所以在这个继承中，我觉得我们相对于继承创新，应该更强调集成创新。我用科技进步来引用集成创新，它谈得比较多。大家知道科技进步强调自主创新。自主创新强调三种创新——原始创新，引进消化吸收再创新，还有集成创新。但是实际上集成创新，过去在中国传统文化里面就一直在。我在山西平遥看到孔子塑像的庙。孔子就是最大的集大成者，集成，而且要集大。所以我们说，其实中华几千年的文明是继承创新和集成创新交替进行的。

实现基层创新，首先我们需要培养强化意识。第一个就是自主意识，因为它本身就是主体从解决问题出发。那么所有的集成的要素，其实这个集成的要素跟视野有关系。你的知识面窄，你可选择的集成要素就少。你拿来解决问题的方法就少。所以集成要素和它的模型建构，要服从主体创新的需要，也是主体解决问题的需要。第二个是跨界意识，就是我前面讲的，你这个跨界视野更开阔，你的要素的选取才有更多的可能性。所以这就包括开放集成要素的空间跨界和主体建模的思维跨界。第三个就是协同意识，在党的报告里头，十八大报告可能是第一次用协同创新这个概念。第四个就是前瞻意识，解决问题，解决当下的问题，还要有一些未知未来，前瞻性。通过应对问题，创新价值来预测和把控未来。那么在我看来，我们讲实现中国梦，需要增强创造活力，可能讲到现在，大概主要是要强调两点。一个是增强全民族的创造，那这个活力不会是在一个层面，是多层面的。第二个就是需要增强集成创新的创造力。为什么我要强调集成创新呢？我一直觉得我们谈的创新，是要有前瞻性的，是高端的，而且这种东西都跟科技含量有关系。所以我觉得就是要更多地关注集成创新，而不是继承创新。所以这两句话，增强全民族创造活力是一个体量的问题，集成创新才解决创新的质量问题。

最后我在这里面想强调一下总书记的话，他说对世界上出现的新事物、新情况，对各国出现的新思想、新知识、新观点，我们要加强宣传报道，以利于积极借鉴人类文明创造的有益成果，要着力打造融通中外的新概念、新范畴、新表述。讲好中国故事，传播好中国声音前面，是有一个条件的，人家告诉你怎么讲好，是要打通融通中外的新概念、新范畴、新表达、而不是你用老表述、老概念、老范畴。我们坚定中华民族创造源远流长的中华文化，中华民族一定能创造中华文化新的辉煌！

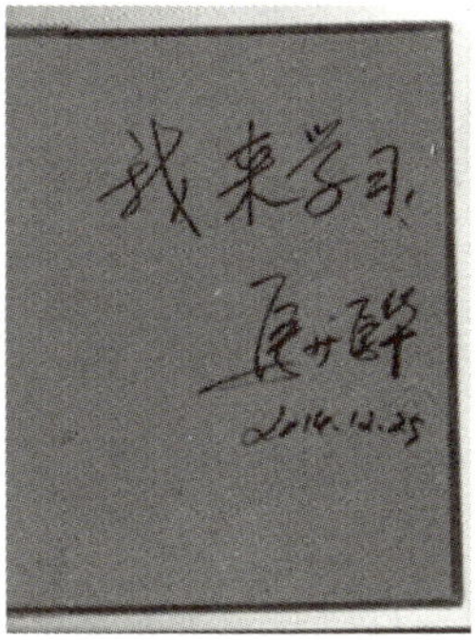

历史转折中的邓小平

4

主讲人：马少骅

他是马少骅。

他毕业于上海戏剧学院，是著名的表演艺术家，是国家一级演员。

他是《历史转折中的邓小平》中小平的扮演者，是《平民大总统》《走向共和》《辛亥革命》和《建党伟业》中孙中山的扮演者，也是《浴血坚持》里陈毅同志的扮演者。

他曾主演了《英雄无悔》《沂蒙》《外乡人》《北平无战事》等多部著名影视作品，先后荣获中国电视金鹰奖最佳男演员和电视剧飞天奖优秀男演员，2014 年凭借《历史转折中的邓小平》获 2014 年度最受观众欢迎十大影视演员。

他从自己的角度感悟邓小平同志波澜壮阔的一生，对待这部剧、对待小平，他感恩，他真诚。

他的分享让我们感受到伟大的小平的精神，涤荡我们的心灵，让我们心怀感恩，回归质朴和真诚。

关于这部剧：

2014年是小平同志诞生110周年，为了纪念小平同志光辉伟岸的一生，中共中央文献研究室和四川省委指导拍摄了电视剧《历史转折中的邓小平》。该剧描述了1976年到1984年的邓小平。从1976年毛泽东同志逝世27天后开始，直到1984年10月1日，邓小平同志在天安门城楼上检阅国庆游行队伍，游行队伍中大学生自发地打出了代表亿万人民心声的横幅“小平你好”。影片展现了粉碎“四人帮”，结束十年动乱，进行拨乱反正以及引领国家走上改革开放道路，推动国家现代化建设的伟大功绩。

那个时代考大学之不易

我说心里话，我演了这个戏不太愿意出去讲什么东西，演完就完了，我不喜欢到外面去胡吹什么的，这个不是我的风格。但是学校告诉我要和同学们进行一次对小平这个人物的感受的交流，我是觉得我义不容辞。为什么？我也是从学生过来的，我是1978年读的大学，正是片子里面那个时候，全国恢复高考，可能现在很多在座的同学，像我孩子那么大，二十五六岁，他们不知道那个时候读大学有点像天方夜谭，不太可能。国家已经不可能有高考，我们那个时候都灰心了。当高考、读大学这个事实证实的时候，说心里话我都像在做梦，因为那个时候我都准备要结婚了。但是这一旦是真的，我就把自行车卖掉，然后跑到上海去考，因为那个时候考大学像井喷一样，当时艺术院校在上海的考区就有3000多个，最后只招了4个，我有幸考上了。我们在学校学习，我记得非常清楚，我的老师说：“这个同学怎么老是看我？”这个老师上课的时候我眼睛老是看他，为什么？因为我生怕丢掉一点东西。我说：“老师，我不看你，我怎么记得住？我要把你所有讲的都悟到。”我是抱着这种心情来的，那四年的学习，我觉得特别快，因为我太用心了。我觉得呀，怎么一年又过去了，一学期又过去了，怎么就要毕业了，完了、完了……我真的是有这样的心情。不只我，很多人都觉得学习太珍贵了。那个时候的学习目的也不是为了要出去赚钱。是为了什么？是有一个本事，我有一个专业，我有一个奔头。

剧组寻找“小平”

我拍《历史转折中的邓小平》是很奇怪的一件事，至少现在都有很多人在说。这个剧组成立以后，一直在找演小平的演员。剧组成立了两三个月了，找了无数个演员，据说很多关键性的人物到半夜 12 点都拿着电话到处找人，有的演员已经进组造型了 2 个月了，剧组化妆、服装、道具都准备好了，最后还是不行。可是时间不等人，这部剧必须要赶在 2014 年小平诞生 110 周年，也就是 8 月 22 号在央视播出，这个日子是定了的，如果再晚了就赶不上了，全剧组都急啊。

这个戏是四川省投资的，我后来才知道。现在中宣部副部长刘奇葆见我的时候说，这个戏还是我批的。我说，是，这个是北京华影文轩影视文化有限公司投资的。这个也是冒很大的风险，因为这种主旋律的片子，作为一个企业，它拿出很多钱来，能回收吗？搞不好它就垮了。但是为什么它们还会义无反顾地投资？说心里话，它们有很多是感恩。

眼中的邓小平

我在拍这个戏之前，和老百姓都一样，认为小平就是国家领导人，我也不知道改革开放具体是什么。但是我一旦接了这个剧本，我在看所有的资料的时候，我就对这个人产生了敬佩。这个人是很真实的人，所谓很真实，用老百姓接地气的话说：他不装模作样。他从来没有到哪里去装首长的样子，他没有的，为什么呢？这个又与小平的经历有关系，经历过大风大雨，经历过血与火的人，一般来说他是不会装的。他的感情是很真实的，这个是我敬佩的一个方面。

还有一个是这个人的胸怀很广。我们大家都是一样，同学们到这里来学习也是为了将来有出息。小平 16 岁离开广安的时候，他是为了要找一门生计，他父亲在重庆有这样一个机缘，知道当时中国有这样的一个人，能捐资让中国一部分孩子到法国去学习，他爸爸死求着把他这个儿子送走了。小平特别高兴，当时到法国是为了学一门技术。但是，命运也很有意思，到了法国之后，他又遇见了周恩来、陈义、聂荣臻等一帮比他年纪要大的同学，而那些人实际上当时就是有一个志向，到法国来不光是学技术，更重要的是他们考虑的是国家的命运和中华民族的命运。问题来了，个人的命运和国家的、民族的命运搅在一起了。小平在十六七岁到18岁的时候，幡然醒悟，他说，如果我只想着我个人的命运，祖国和民族的命运没有转好的话，我个人命运也不会好到什么地方去。

这个认识是他人生的一大飞跃。我这个人是不说大话的，因为说大话没用。但是有一点，他在那个时候就认识到这个，我觉得如果一个人是有大志向、大理想的话，这个人将来的出息就会很大，而绝非是一个鸡零狗碎学点技术的小人。这是我看他的材料得到的第一个感觉。我觉得这个人心胸是很大的，他的心胸来自于他的抱负、他的理想、他的情怀。从18岁开始，一直到93岁他走的那天，他全都是为了百姓，为了民族。我们演员演戏有一个主要的任务，给人物定主题，他在这个戏当中主要的任务是什么？就是一点，“我一定要让中国的老百姓过上好日子”，这个就是他所有一切行为的动力。这个是戏里面的，但是生活中是不是这样呢？他生活中就是这样的。

他93岁走的时候，他身边有一个警卫员就是他的管理员叫王世斌。我见过这个人，他见到我的时候说，因为老人家走了，他的内衣内裤要拿去火化。他去火化的时候，怎么都没有想到，小平内裤的腰这里都是破的，而且他里面穿的棉毛裤都不知道缝了多少次。他原来一点都不知道。王世斌是一个将军，他说他坐在锅炉房烧的时候，眼泪就是止不住。他说：“我们都不了解，那么反过来他给中国人带来的幸福大家也许不知道。”30年前的中国是什么样子啊？不要说我们考大学没有希望了，我们干什么都要用票，抽屉里面拿出来，都是布票、粮票……你想看电视？更不要说现在有手机了，那绝对是天堂的事，所以这一切的变化，我认为就是小平，一定要让我们的中国人民过上好日子，“不达到这个任务，”他说，“我从18岁开始干革命，就是白干了。”

就是这个打动了我，我不喜欢唱高调，不喜欢说大话。他是那样地为了百姓，为了我们。于是，我要感恩，我要感谢这个老人家，我看了他大量的资料之后，我就越发坚定。我说，我必须用我的生命，用我的鲜血去创造这个人物。哪怕是时间非常短，当时接到这个人物到开拍只有不到一个月的时间。大家知道美国有一个戏叫《林肯》，演林肯的演员叫刘易斯，刘易斯为了演林肯用了三年的时间。导演拿剧本给刘易斯的时候，刘易斯说，剧本不行，你们拿去修改。剧本修改了一年，刘易斯看了以后说可以，你们再等我一年。他顺着林肯曾经在美国走的路线，走了一圈。回来了以后，他到导演面前，导演说："你不用化装，你已经是林肯了。"但那个是用三年的时间，我不能说我有什么了不起，我没办法，只给了我一个多月还差一点的时间。

那个时候就是豁出去了，我什么都不要了，都不看了，电视不看了，手机关了，我就看他的资料，让我的心灵完全浸泡在他的事迹和他的思想里面去。我如何去演他，我不是演他的外壳，我必须把"他内心世界是什么"给弄明白，否则我找不到他的来龙去脉，摸不到小平的脉点。当然我演到今天，我知道我还有很多的不足，毕竟他是一个久经战场、久经血与火锤炼的一个政治家，他在大是大非面前的这种定力，我不够。如果要我再演，我想我知道了。这个戏拍完了一年，又播了一段时间，我今天要讲的是，我非常敬佩这个老人家，我用我笔记里面写的一句话，小平是我们中华民族的大英雄。他不仅仅属于一个党，或者是属于一个什么，他是我们中华民族的大英雄。

因为他给人民带来了幸福，他给老百姓带来了实实在在的东西，所以我觉得我这一辈子能有幸去创造这样的一个人物，是我的荣幸，也是我的福气。拍完了这个戏，我在总结的时候，我觉得要演好这个人物，内心世界要干净。你不能有杂念，不能说我拍这个戏我想获得什么，没有。因为小平这个人他内心就是很干净，他对孩子的热爱不是作秀，他就是爱。

举个例子，他家里人告诉我，他想问题有的时候想得眼睛都呆住了，旁边的人在干什么都不知道，家里人就担心，70多岁的老人老是这样，身体怎么得了，但是谁也不敢去打搅他，那怎么办？就跟自己的孙子说，你去你去，你到爷爷身边去，这样就让他缓一缓。他对孩子的热爱，比如说他到美国去访问，那个时候中美马上就要建交，他在肯尼迪的艺术中心，看了美国的一群孩子唱《我爱北京天安门》，完了以后小平上台抱着那些孩子，用自己的脸贴着他们，用自己的嘴唇去吻孩子的额头，这在西方人世界里面看见中国共产党的领导是这样爱儿童，大吃一惊。但是他绝对不是作秀，他是真诚的，无论他到了哪里，只要是见到孩子，他都会停下来，"娃几岁了？"一个有那么深刻的思想，又有那么博大胸怀的人，对孩子又那么爱，你说他是什么？我说这个人是情感极其丰富，有着高尚情怀的一个人。他的夫人卓琳说，她和小平结合了几十年，她从来没有见过他流泪。但没流泪不代表他内心世界情感不丰富，没流泪不代表他没有同情心、没有情感。他不见得是一个冷漠的人，他只是男儿有泪不轻弹。

他见的事情太多了，他压得住。不要看他个子小，1.6米不到，通过了解，我认为他才是真正的男子汉。用毛主席的话说，他们都管不住他，邓小平这个人外表是很柔情的，内心是一个钢铁公司。所以说这样的一个人物，这样的情怀，这样一个无私的人，这样一个有理想抱负的人，这样一个有深深的政治家风度的人，再加上他四川人本身的这个性格。这是我很佩服的，他很多的元素，所以说得到这样的角色，对于一个演员来说，很难得，当然难度也很大。而且这次小平家族提出的要求："要突破"，要求演员要有老爷子的"精气神"。话好说，事难做，"精气神"怎么抓啊？

但是没办法，就是看大量的资料，就是一心一意，没有任何分心地钻进角色，钻进人物的内心世界。所以我为什么在这里要反过来说，要到学校和同学们讲这个很有意思的人物呢？因为他也是一个从十几岁就离开了父母的孩子，漂泊海外，寻求个人的生计抱负去了。但是为什么他会取得那样的成就，干成那么多的事业。当然，他中间经历了那么多的曲折，受到了那么多非人的磨难。实际上一个人受磨难，从某种程度来说他是获得了财富，一个人如果是没有磨难，我看他未必能成才。

关于情怀

我和同学们是一样的，我把我的感受告诉你们，我知道这个学校主要是学工科和理科的，同学们是我们国家将来的科学家。大家一定要有一个情怀，"我个人的理想抱负必须和民族、国家的理想抱负结合起来"。你并不见得要和别人说，但是你这个志向要立在心底，你绝对会走得很远，而且绝对会走出有光彩的生命力，我半句假话都没有。

比如说我演过孙中山，我研究他，也是看了大量的书籍的。说一句心里话，孙中山是学医的，大学毕业了之后，他已经有了钱，还在澳门开了一个医院，他也是农村的，他也需要赚钱出来养活自己的父母。他为什么把医院卖了，换了钱去买枪，去推翻当时的清政府，去改变中华民族的命运？这的的确确不是一般人可以做到的。打个比方，我现在大学毕业了，我开了一个公司，我现在觉得哪一个地方不好，我为了把这个地区搞好，就把公司卖了，把这个钱捐出去。没有一定的思想境界，没有一定的理想支撑，他绝不可能做出这种无私的举动，这个太考验人了。但是反过来说，我们中国现在缺这个，不要看我们现在好像经济上去了，但是我总是感觉到我们缺一点情怀，缺一点理想，缺一点抱负。我是已经60岁的人，马上时代就不属于我们这辈人了，但是未来是属于你们的。真的，我发自内心地说，你们这一代，在这样的学校，我们国家的电子工业的前景，我们国家国防工业的前途，我们国家的未来实际上是掌握在你们的手上。我们在这个社会上，在这个有很多记恨我们国家的人的社会上，因为这个国家人口太多，这个国家文化很深厚，如果这个国家科技都上去了，他记恨，他红眼，他对中国进行这样那样地封锁。我知道中国人特聪明，特别有才智，就像小平一样的，小平是一个很聪明的人，也是有智慧的人，相信你也是一样的，四川人向来是聪明得很。

我研究过物理学家爱因斯坦、居里夫人，因为要演科学家，于是我把居里夫人、牛顿那些书统统看了，看了这些东西，我发现这些科学家和小平很像。他们有那种很干净，那种我说不出的、没有污垢的情怀，他们那种境界是一样的。因此，他们对人，对事，对自己都是干净的。他们是纯洁的，但他们又是深厚的，他们的情感放在他们奋斗的理想之中。如果他们没有对人类的情感，没有对国家、民族的情感，他们怎么可能把国家和民族的命运与个人的交织在一起？于是他们才是有大情感的人。

所以说，我觉得大家如果有这种情怀，有这种理想，你未必说出去，但是你放在心里，你有了一个远大的目标，我相信你就不会是一个小小的毕业生了。你会走得很远，你会有出息，你那个时候是视金钱和名利如粪土的。

演员的自我修养

我谈谈我的看法。我在创造邓小平这个人物当中的一个最大的感受是什么？就是什么叫淡，什么叫浓。我们演员，包括现在的中国演艺界也有这样那样的问题。一个演员要把一个角色演好不是靠他的技术，技术就是一把尺子那么多，超出这个技术以外的，无尽的，是什么？就是修养，修养我们自身，那是境界，那是品格，那是你的德行。

自身修养好了以后，你的技术会举一反三、举一反六、举一反九，层层叠加往上走。

我看见你们的校训说要大气，我们常说这个人物大气，怎么样找到大气，怎么样找到他的魅力？我不把这些东西刨根问底，吃透了，用我的心去感受老人家的心，我找不到这个人。说句心里话，我不太满意我的表演，如果还要我演，我相信我会改正很多很多东西。我觉得我们年轻人应该像小平像孙中山那样，做一个大气的人。做这样的人是要有基础的，要脚踏实地，我定我的目标，我有我的情怀，我有我的感情链，要有这些东西。我喜欢看书，因为我觉得看书能随时随地地调节我的思想，是给我养分的。同学们也要经常看书，特别是搞工科的人更要看文学的书籍，它们是相辅相成、相互弥补的，因为只有这样之后，我们才绝不会做跛脚鸭，只有一只脚，那你走不远的。如果你是这个脚踩着工科，另一只文科也搞得好，就相得益彰，我不知道我说的对不对。

我们这个行业，因为你拍戏、演戏是可以出名又得利的，如果你想做一个有出息的演员，你成天想着要做明星，要赚大钱，你永远做不了大明星。这个是绝对的，因为你演的是人，你演的是人心灵最美好的东西，你自己都没有美好，还没有认识到美好，你如何去体现美好？于是名利这个东西要看淡，你看淡那个东西，另外的一个东西就出来了，那个东西都是好东西。如果是名利的东西看重了，那个东西就没有出来，甚至是没有了。那个是什么？是让你发展的动力，是让你境界提高的一点珍贵得像黄金一样的细胞，我有深刻的体会。

前几天我去“国际盛典”拿奖，我一点不像以前的时候特别地激动，还要上台感谢这个，感谢那个，我没有。我就坦率地说，我说心里话，我说我们演戏，当然得奖我很珍惜，但是我演戏不是为了它。这个奖把我迷惑了，迷得五迷三道的，为什么呢？没有得奖我心里面难受，我拍戏都是为了奖，错了。我是爱我这个专业，我这个专业多好啊，它可以把人的内心世界，好的、坏的，通过我所有的世界观，所有的本事传递出去，使观众产生共鸣，这个是多有趣的事。

《历史转折中的邓小平》的拍摄花絮

我在接这个戏的时候，我是胆战心惊的，我说我演不了，你们找别人吧。他们就奇怪了，机会给你了。我说这个不是机会，老爷子那个东西我够不上，他的思想他的内心世界我够不上。我不能去演他一个外表，他走路是那个样子，说话是那个样，那我就机器了。

我曾经说过13亿人要找个谁和谁很像的人很容易，但是要找一个把他内心的思想、内心的情怀、内心的理想和所作所为的行为方式都要很准确表达的人就很难了。所以当时我是推了，我够不上，我实在不行，我害怕。我当时接了这戏的时候，我六神无主，我不知道扶哪儿比较好，于是我把心定下来，大量地看他的书，看他的纪录片，看他所有的人生经历，看他女儿写的那两部书，看美国人写的邓小平传等。凡是他的书我夜以继日地看。慢慢地，好像摸到一点了，这样，导演问我“怎么样？”我说，试试看吧。我还只能这样，但是演完了以后有记者问我，我说，我不敢再演了。但是事情又过了这样的几个月，我说，我还想演，我想把原来一些欠缺的东西弄好，我要再演的话，我会弥补上很多，包括化妆。

这个戏是中央文献办写的，他们花了四年的时间，很多话都是小平的报告。我说：“你们的台词是从这个地方复制到剧本上面的，我怎么把它说得有声有色，说得很生动呢？”这是非常困难的一件事。因为这个戏里面，由于各种原因，他没有直接的对手，大家都知道戏剧、电影之所以好看，是因为它都是有面对面的，有对手的。小平他没有面对面的对手，也不敢给他设置面对面的对手，这个对于我来说在表演上比较难，台词量太大，每一次这个台词量都是四篇纸、五篇纸，尽管我背台词还行，但是也架不住每天都有。

而且现场都是同期声，由于是男一号，一来执行导演就问：“马老师你好了吗？”他老是催我，我都急了，然后天又冷，三台机器对着你，一个是全景，一个是中景，一台是近景。就是说，我一口气就要把这场戏从头到尾演完，如果电影那种分镜头，近景下面到中景我可以缓一缓，这个是没有缓的，从头到尾都是我说这个台词。我说：“你们来试试。”他就大眼看小眼地看着我：“我们没有办法。”我的压力很大。在现场剧组来了很多群众演员，一个座谈会上都是六七十岁的老人家。这些老人家也是有文化的，有一些是真正的大学老师、教授，他退休了，把他请过来，因为他像，要不然你请一个我们生产队的，哪里像教授啊？

我发生过这样的事，导演一看这个不像，这个完全是刚从地里面割菜回来的，对不起请回去，然后再去换人，来了之后都是六七十岁的。北京的天大家知道很冷，我们拍摄的那个地方不可能有暖气，那个风吹的那个顶上灯哗啦啦的，可是要脱衣服穿短袖，那些老人就不干了，那这个怎么行，“拍这个戏我感冒了谁管我？”都是这样，执行导演就问导演怎么办，我当时正在换服装，我说：“你不要去了，我去。”我去了以后，大家一看小平来了，都很尊重。我就和大家说："对不起，今天这个戏要苦了，但是这个戏又非常地关键，在座的都是知识分子，"文革"的时候对知识分子是什么样子的，你们心里面明白。这场戏是要决定知识分子命运的事。"还没有拍走戏，但是导演要通过监视器来看这场戏是什么样子的，我带头脱掉衣服穿短袖，这些老人看了后，衣服脱了就放在凳子、沙发那边。

我开始的时候就用正式拍的情感一气呵成，六七十岁的老人家潸然泪下。所以正式拍的时候，没有人说冷，忘记了，全部都投入了。拍这个戏的时候，很多人都在说："你们到哪里找的这些演员，太棒了！"一句话真情实感流露了。这是我们拍摄的一件事，在座的很多人都表露了对小平的感恩之心。

还有一个就是他们知青的一场。演教育部长刘西尧的也是一个老演员，有一些场戏中，小平批评他，他说："教育部长，你要检讨，知识分子年轻为什么不能让他们报考大学，难道是他们的问题，是他们的责任吗？是国家乱了以后，孩子们到了农村，这批孩子到了农村之后并没有丢掉自己的学业，他们在那样艰苦的条件下结了婚，生了孩子。当国家需要他们报考的时候，他们毅然决然地放弃了家里面的事，一手抱着孩子，一手温习功课来参加高考。应该是我们对不起他们，而不是他们对不起我们，我们应该帮助他们，是我们造成这些孩子没有前途，而这些孩子保留住他们当年的学业，我相信十年、二十年之后他们将是中国的栋梁。"这个话真是说到点子上了。习近平主席不就是那个时候的知识青年。你们学校的很多党委书记，很多都是那个时候高考的。这个太来之不易，太珍贵了。

还有一个花絮特有意思。开拍之前我说我要到广安去，剧组说好，因为广安有邓小平纪念馆，我说对，他不单单有纪念馆，我这个人喜欢到老人家的祖坟上去拜拜，因为我要演他。他的妈妈姓淡，要给我一点灵气，这个很有意思。到广安的时候，天气预报报了这一个礼拜都下雨，我早上起来的时候下大雨，怎么办？我和广安纪念馆的前馆长说，完了，我下午就要走的。很怪，一刻钟之后雨停了，而且还出了太阳，我说马上走，马上上车，我就到他的老家去，到他妈妈生他那个床，去坐了一会，我说一句感受，我是老百姓我信这个东西，我就去了，我到他妈妈、奶奶的坟上，我那天去敬香拜，我才没有什么不好意思，我内心外表是统一的，我怕他就是跪着了。

当时那个前馆长说，我很真诚，我就说我们要拍他的戏，这个小平是邓家出来的杰出人才，更是我们中华民族杰出的人才，所以说给我们一点力量，让我们拍得顺利。因为我们这个戏很大，要走全国很多省，三个组 A、B、C 要在多少时间拿完，这是一个很不好完成的任务，来的演员将近 400 人，有的演员是所谓现代有腕级的，人家到这里来打酱油。我去拜，我是发自内心的。完了以后就没下雨，到我最后他祖坟全部都拜完了以后，就开始下雨了，然后那个纪念馆的人就说："马老师走，赶紧上车，巧得很，你今天来了，现在才下雨。"等我们拜完了祖坟，上到车里面那个雨下得有多大？那个雨刮器是最快的速度，这个雨一下就是两个多小时。你们说神不神？

而且我们这个戏在拍的过程中，我们拍完这个戏，我们北京的圈里面不相信，什么？那么大的戏你们拍完了？是啊。那肯定是乱来的，我说没有，我们都是很认真的。他说怎么可能呢？这个是第一。

第二，那么多的剧组转战多次，延安、南京、上海、深圳，还有农村，还有很多地方，没出一个事故，这在剧组来说都是不得了的事，这个剧组特别和谐，从来没有说演员等你们的，来的都是腕，服装穿好，化妆好了，都是等他们的，等这个场景布置的，一般来说都是场景等演员，这个组全部都是演员化妆好了，在那边等着。你看看这个剧组就是这样，非常地和谐，没有发生过吵架，大家就在这样的一个你很谦让、我很尊敬的氛围中完成了这样一部大剧作。所以我就感觉到，是小平的精神在感动我们，我到最后拍完的时候，我就到小平家去了，因为我的房间里面有 20 多张小平各个时期的照片，我的衣箱放着他的画，我看着他 20 多张照片，完了以后再看他的纪录片，每天晚上拍摄结束都是 11 点过了，我还在看纪录片，因为要每天感受这个人物，感受完了再回过来看纪录片，这个感受不一样。

我看了那么多的纪录片，《小平你好》12 集，我看到后面，我仍然会热泪盈眶，就是情感进去了，我的心进去了。所以说我们这个戏是有了这些保证。拍完了这个戏之后，我有一张照片是摆在化妆间，我就把这个照片包好，我一个人到了广安，我又到了他们家祖坟上去敬香拜，我们叫"还愿"，我就把这个照片带到他妈妈生他的那个床上，他不是没有回去吗？我就把这个照片带着，就是一直带到他那个床的帐子后面，我就轻轻地说了一句，我说："小平同志，我带你回家了。"

戏外的感悟

我在我的笔记中写道，我是一个普通演员，也是一个普通人，因为我是没有话语权的。但是我对这个世界唯一的话语权就是我的专业，我通过我的专业来阐述我内心对人类、对世界的看法。我说这就是我爱这个专业的原因，我有了这个，会让我走到闭眼睛的那一天都不会枯竭。我 61 岁了，这个是我才悟到的，而且悟到了这个之后，人就一下子很踏实、安然了。悟到这个之后，我在任何的场合都不会拘谨，为什么呢？因为我把我自己看得很清楚，人的眼睛长的老是对外的，人恰恰缺乏眼睛反过来看自己。佛说，观自在菩萨，观是观自己，你要自在，你就成菩萨了，这个是心经的第一句话。所以说经常要反省自己，经常要看自己，要提高自己，这样你才能跟上你的专业，因为我们都是一样，我们和专业是紧紧相扣的，你有了这个之后，你的专业像翻跟头一样往前滚着走了，你不相信我今天说的这个话，今天是圣诞节，你到了 20 年之后，你再看，那个老马说的对，还是不对。

所以说演这样的人物，对我最大的收获是他确实帮助了我，而且我也不知道这个话是不是漂亮，他的的确确是洗涤了一下我的心灵。要演好这个人，自己心底要多干净，毛毛躁躁想急功近利就更不行了，演这个人物我不想获得什么，而且这个话不是说给谁听，是说给我自己听的。这个人就是让我觉得演他很过瘾，因为他不出风头，他不装，因为他不卖弄，因为他没有架子，因为他很真实，这样的一个人我很爱他。再加上他的性格，再加上他的那种稳重，那种男人的内心气质，作为一个演员来说，手捧着这样的角色一辈子都会演得高兴。

我在上次演的时候，我没有求像，我只是求是，我说像不像交给化妆师、导演。我做的是“是不是”，我下一次再演，我就要既像又是，而且这个工作已经在做了。我曾经和中宣部的部长刘奇葆说，我希望拍一个小平最光辉最精彩的那段的电影，可以走出国门，我说，印度都可以拍好甘地，拿到奥斯卡奖，我们中国没有理由拍不好像小平这样的人。我们不要一天到晚唱高调，我们中国怎么样，我在我的领域里面，我们有什么样子的一部片子在国际上可以叫出去，外面人会说，你们中国拍戏、传记片、人物片，这个就是你们的邓小平。因为小平他的核心思想叫“实事求是”，这四个字是扭转我们当时中国局面的关键的四个字。

那个时候小平说，一定要扭转我们的国风，我们的军风，怎么扭转？继承过去的优良传统，保持和坚持住“实事求是”这四个字，“实事求是”，是什么就是什么，不是什么就不是什么，不说空话，不说假话。我觉得这个非常精彩。

因此我就感觉到老人家的这些东西是我在再创造的一些动力，我们在中国能够走出去，因为我知道我们这个电视剧韩国是已经买了，美国也买了，日本也要买。这个是我们国家第一部政治上面的主旋律走出国门。为什么人家要？这个也是值得我们去想的，为什么美国中央情报局的一个人，写了邓小平传，为什么美国《时代》周刊登邓小平的封面呢？为什么奥巴马这次和习近平说，他能够和邓小平比。为什么他把邓小平放得那么高？老外可不是瞎子，你行就是行，你不行就是不行。所以说我作为一个演员来说，我把他这个很好、很精彩，代表了我们中华民族和优秀的东西呈现在银屏上，那不是更好吗？这个也许是我以后事业的一个目标，能成是更好，不能成也没办法，我为此在努力。

当然了，如果说要拍这个电影，我一定要争取一场戏，要回四川拍。我是真诚的，我是真心实意的，因为我有一个感觉就是，对待自己的专业要有感情，对待自己的专业要真心实意，它就会回报给你。我把这几句话献给大家。无论你今天是搞航空专业的，搞电子专业，你要爱你的专业，爱得像乃至于要超过你爱的那个人。我说过，事业是我第一爱情，因为你只有这样，你愿意心甘情愿为它付出，你才能创造出成绩，你才能在事业中遇到这样的坎坷，遇到那样的磨难，你视为小菜，我觉得应该是这样的。那么志向是从何而来，不是嘴说出来的，是你慢慢悟到的，我首先要爱我的专业，爱得死去活来。

只有专业不会和我生气，你和谁谈恋爱，他还和你生气呢。你爱他一分，他就给你一分，你爱他十分，他就给你十分，这个绝对是一个真理。因为我们都是搞专业的，我真诚地希望我今天千里迢迢从北京来，是想把我的感受分享给大家。我不要在这里说空话，多没意思，耽误大家的时间。有这个机会大家到图书馆看看书。我总想把我真心的感悟告诉大家，我通过演这个戏，有很多开窍了的地方，我想把我这些开窍的地方告诉大家。特别是感悟到这样的一个伟人，他给我心灵上的洗涤是无限的。

我在学校的时候，我的老师就和我说过，你们经常要看一看传记小说，看传记小说，你会从这些人的生平传记中悟到什么，佛说悟，这就代表着智慧，所以说我们去悟到什么是很有意思的，但是建议这个悟必须要有情感，你没有情感，你就不会去琢磨，不会去想。就是像我爱小平一样，我有感恩的心情，我愿意去想，我愿意去琢磨，他就会给你别人所没有得到的东西，哪怕是一点点小的东西，他就会让我举一反三。

从演伟人身上我感悟到很多，感悟到我如何对待事业，感悟到我如何演好这个角色，感悟到我如何做一个什么样子的人，我真的有深刻的体会。我总是想，我都到这个年纪了，但是我想告诉年轻人，他会少走很多的弯路，他会在我悟到的这个平台上，他再去往高处走。不管是演邓小平也好，演孙中山也好，这些人都有他共同的地方，他都有大智慧、大理想、大情怀。他是把自己的和整个民族社会的都放在一起了，也就是说他是有抱负的，一个有大抱负，大情怀的人，他将来了不起，他厉害。为什么？这个人的心大，这个人有胸怀，这个人想的不是个人的大，一定要走这样的路。走这样的路，你肩膀上担的就不是你那一杠或者是一根星，你担的是 13 亿人，你可了不得了。

所以说在小平，在孙中山，在老一代人的身上，他们的的确确都有这样的情怀、这样的理想。包括我今天去看了陈毅，因为我也演过陈毅。他们都是这样的，所以说在他们的生活中没有装腔作势，他很真诚，他很质朴，他很大气，他就返璞归真。

我今天要讲的这个核心就是，我们做一个什么样子的人？我们要做一个有理想、有情怀、有抱负的人。但是默默地不着急，不露声色地去奋斗。像小平一样，他就是这样的，他从来不露，主席说他是乌龟壳里的钢铁公司，你看看他多么能忍耐，所以说有了大理想、大智慧、大的追求之后，是藏在心里，默默地去奋斗。

5

主讲人：李小文

他是遥感、地理学家，中国科学院院士。
他是Li-Strahler几何光学学派的创始人，成名作被列入国际光学工程协会“里程碑系列”，在国内外遥感界享有盛誉。
他成就“20世纪80年代世界遥感的三大贡献之一”，
三杯两盏淡酒间与学生趣谈诗书武侠。还是那双布鞋——一点素心，三分侠气，伴他一蓑烟雨任平生。
他就是维护了传统知识分子的风骨、本色的布鞋院士——李小文。

精彩语录

1. 成电校训“求实求真，大气大为”这八个字，我的理解为前四个字是实事求是，后四个字是要有大的度量、大的作为、大的成就，这也是学校对大家的期望。我特别强调一下“求实”方面，它不光是一种态度，更多的是一种能力。

2. 对于“求真”，我们首先要认识到我们所掌握的知识只是一个很小的集合，而全人类的知识却是一个很大的集合，有句话这样说“你的知识是一个圆，全人类的知识是更大的一个圆”。孔夫子说“知之为知之，不知为不知”，表明他认为人类的知是有一个明确的边界。对未知，扩大自己的那个小圆，这就是学习。

3. 一是要生根，就是要不断扩大自己的知识面和知识的深度，这样根才能汲取营养。二是要找突破口，要发芽，突破大圆，这就叫原始创新、科学创新。在寻找突破点时，有两种可能性。一种是通过自己的观察与思考发现现有的理论无法解释的现象，那这就可能是一个出芽的地方；第二个是做实验与模型有不相符的地方，不要轻易放过去，这是有可能出芽的地方。

很高兴能够回到成电来跟同学们分享交流，我希望交流过程中，如果同学们有问题的话还是打断的好，不然我一个人讲就显得太沉闷了。在此之前，我收集了几个同学们所疑惑的问题。

我在成电的成长

第一个问题是让我简单谈谈在成电的大学经历以及之后的成长经历，还有我在大学期间有什么趣事能给大家分享。我 1963 年进成电读书，1968 年毕业，所以当时叫 6805 班，一个班是 24 到 25 个人。我的高中和大学班上同学都有在成电工作的，这些经历除了发表过的以外还有一件特别的事情没有报道过。当时，我去图书馆当义工，其实目的主要是我喜欢到图书馆看书，因此就和图书馆那些年轻的管理员比较熟。有同学、老师借书时他们忙不过来，我就去帮他们办理借书手续，所以当了义工以后结束办手续对我来说都是开价的，还有就是在图书馆关门时我可以借上一两本回家去看而且不用上账，当然是要第二天还回去的。后来一个比我低一个年级的同学觉得我当义工的路子还不错，他也来，这样就和这位同学有了一些交集。我当了两年，那位低年级的同学当了一年。在有一次开会时大家分成了两派，其中一派拿着木棒朝着这位同学打去，当头一棒，就被打成了植物人，后来不幸去世了。

大学期间应该培养哪些能力和品质

第二个问题是“大学生在大学期间应该培养哪些能力和品质，科学研究更需要什么样的品质以及如何才能做好科学研究”。首先，我觉得这些问题对工科、理科、文科等都有着不同的要求，我比较熟悉的可能是理科。但是，同样是理科，在不同的学校中也有不同的传承和要求，像成电的校训“求实求真，大气大为”这八个字，我的理解为前四个字是实事求是，后四个字是要有大的度量、大的作为、大的成就，这也是学校对大家的期望。我特别强调一下“求实”方面，它不光是一种态度，更多的是一种能力，但是因为种种原因要做到真的非常困难，它包含一个不说假话，这大家都应该是赞成的，然而这真的容易做到吗？每个人都可以问问自己，我们从小到大在幼儿园、小学、初中、高中、大学有那么多中文课，你真的一句假话都没说过吗？所以对自己的学生我会降低要求，是能意识到说假话不好，尤其是不能说伤害别人的假话。即使有时万不得已说假话，今后也要想办法改过来，要是已经养成了说假话的习惯，就要清楚地认识到这一点，学会做到实事求是。甚至有时保持沉默，都比说假话好。俗话说得好“善有善报恶有恶报，不是不报时候未到”，它是一种规矩性的东西，你可以骗人一段时间，而骗一辈子，是永远不可能的。所以大家一定不要养成说假话习惯，“有则改之无则加勉”，特别是理工科大学。对于“求真”方面，我们首先要认识到我们所掌握的知识只是一个很小的集合，而全人类的知识却是一个很大的集合，有句话这样说“你的知识是一个圆，全人类的知识是更大的一个圆”。孔夫子说“知之为知之，不知为不知”，表明他认为人类的知是有一个明确的边界。对未知，并不是个人的未知，扩大自己的那个小圆，这就是学习。同时，更要弄清楚大圆的边界在什么地方，我自己的知识什么时候已经接近这个大圆的边界了，这样就剩下两件事：一是要生根，就是要不断扩大自己的知识面和知识的深度，这样根才能汲取营养；二是要找突破口，要发芽，突破大圆，这就叫原始创新、科学创新。在寻找突破点时，有两种可能性。一种是通过自己的观察与思考发现现有的理论无法解释的现象，那这就可能是一个出芽的地方；另一种是做实验与模型有不相符的地方，不要轻易放过去，这是有可能出芽的地方。其次还要扩大自己的知识面，就像吹气球那样扩大，在人类现有的知识范围内，不断将自己的那个气球吹胀吹大，这样更容易达到现有的知识边界。

在国内读研与国外读研的区别

第三个问题是关于在国内读研与国外读研的区别，国内科研与国外科研相比有什么不同。对于这些问题，每个人都有每个人的见解。在国外，他们从中学生开始就有一些有兴趣的同学参加科技活动。比如，我们做遥感的，一位国外的中学生在众多人中脱颖而出，对一颗卫星进行了命名，最终得到大家的认可。大家想一想，在中学阶段就培养广泛的兴趣，在大学课余参加这些活动也是受到学校鼓励与支持的。我们去美国读研究生时，不能申请项目，但是美国宇航局有一个专门面向学生的科研项目，研究生就可以组成团队提出自己的项目建议。在学校，老师尽可能地创造机会让学生参与科研活动，总是会有好结果的，同学们也要主动争取这样的机会。我相信现在学院是有这样的机会的，所以差距没有与同学们想的那么大，自己还有待提高。

大学学习理论知识和实践能力的关系

第四个问题：“大学学习理论知识和实践能力的关系。”对这个问题我就结合我自己所学的地理信息科学来讲解。地理信息科学是一门新兴的交叉学科，2012 年正式被定为一门学科。它主要的特点：一是新，二是交叉性很强，涉及众多知识领域，如：传统的地理、历史、数理化、大气、水文、海洋、流行病等，比较现代的学科如信息学等都是与地理进行交叉的学科。地理信息科学简单地说主要涵盖遥感、GIS，并且与 GPS 关系非常密切，介于地理性科学与其他工程性科学之间，其主要工作是对地理信息的获取和地理信息系统的构建。它对实践能力要求比较多，如野外考察、探险和计算机运用能力。由于这门新兴学科发展快速，它的实践与理论的关系正在不断交叉融合。

学习、恋爱与独立生活中应该怎样平衡

第五个问题：“大学的时间该如何合理分配，在学习、恋爱与独立生活中应该怎样平衡。”首先我想这取决于自己对自己的定位，自己想朝着哪方面发展。比如大学毕业

后想去工作与继续深造的人就有差别。但是在大学阶段的主要任务就是学习，不管是前面所讲吹气球式的学习还是寻根式的学习，它是必需的！对于恋爱问题怎么处理，我个人认为，因为恋爱不是你单方面规划就可以的，它还需要机遇，还要看恋爱对象的兴趣方面。所以对要念研究生的人来说，恋爱最好提前。当有些人念完博士以后才恋爱就会有很多具体问题：年龄大了、选择面变窄了。因此可能需要尽早并在合法的阶段谈恋爱。但是，恋爱与学习需将哪个放在第一位呢？毫无疑问，主要责任是学习，两个人的恋爱就要承担两份责任，最终达到 1+1 ＞ 2 的效果。

遥感科学今后的发展前景

第六个问题："作为遥感科学界的领军人物，您认为遥感科学今后的发展前景会是什么样。"其实，预期是非常困难的，预期首先要有模型，它必须是正确地见证历史与变动，才可能感到预期。但是短时间的预期可能会成为现实，如果时间一长，连解释的模型都没有，哪敢去实验室呢。具体来说，遥感科学的发展机会是非常宝贵的，去年我就提出要抓住遥感科学即地理信息科学的机遇期，这并不是无中生有，的的确确是国家发展到这一步的趋势，国家对地理、国情的了解和理解，已被放在一个空前未有的高度。在地理国情调查方面，地理占很大一部分，中央也成立了很多工作小组，习主席也表示大力支持。同时习主席还提出："没有信息化，就没有现代化，没有网络安全，就没有国家安全。"在今年两院院士大会上，习主席进行了一个小时的讲话，花了很大部分时间来强调地理信息现代化的重要性，这是前所未有的！从国际上讲，美国《自然杂志》上有篇文章提到："对地理信息的重视，在我们国家是同步的，但是我们领导的作用还有待落实到具体的措施上。"中科院也给我们批准了项目，做大数据与地理知识的交叉，并在具体的实践中得到经验、教训。如果做得好，对个人、团队、企业、国家都有很大的帮助。

正青春

6

主讲人：杨澜、刘仪伟、袁岳

杨澜，中国电视节目主持人、媒体人、企业家。1990 年至 1994 年担任中央电视台《正大综艺》节目主持人，之后赴美深造，毕业于美国哥伦比亚大学国际及公共事务学院，获国际事务硕士学位。第十届、十一届、十二届全国政协委员。1999 年 10 月离开凤凰卫视中文台，担任阳光文化影视公司董事局主席。2014 年 5 月 4 日，《杨澜访谈录》在全国范围内推出五期大型校园主题对话节目——《正青春》。

刘仪伟，工作的时候疯狂，生活的时候冷静。发脾气的时候像东北人，过日子的时候是四川人。他是天马行空不走寻常路的刘仪伟。20 岁走上探索之路，放弃铁饭碗，他独自北上，端盘子、演配角、写专栏、拍广告，他的人生从来没有因为平凡而变得平庸。30 岁开启主持生涯一举成名。始终坚持做观众感兴趣、有意义的东西，从专攻两晋散文的古代汉语专业学生，到身兼作词、主持、演戏、美食多职的跨职高手，他是怎样探索出不一样的道路？

袁岳，他5岁立志环游世界，迄今走过108个国家；7岁立志当一名作家，至今仍坚持每天写1000字；17岁立志当总理，大学读了400本书，研究生读了900本书。他说如果一个人为当总理准备过，就算他没有当总理，那他做其他的事情也会了不起的。他就是袁岳，他创立零点咨询研究集团，成立零点青年工艺创业发展中心，从江苏农村到哈佛大学，从企业精英到青年导师，他是如何探索世界的？

杨澜：我们2014年《正青春》的主题——“说说20岁的时候，你应该知道的那些事儿”，每一位嘉宾都会带来不一样的见解。在我们这样一个论坛上面，不需要空洞的心灵鸡汤，各个行业的领军人物，他们在这个舞台上不是以居高临下的说教的方式，而是以一种平等的姿态，一种真诚的分享，以亲身的经历与大家一起来探讨，青春应该做出的那些选择。

那么今天我们这一场的主题叫作“探索”。探索什么呢？探索自己，探索世界，探索自己在这个世界上究竟有怎样的立足之地。

那今天我请到的两位演讲嘉宾都是特别爱折腾的人，而且他们不拘一格的行为方式，能够打开诸位同学的一个选择的视野。

关于成长的探索

袁岳：20岁到底应该具备一些什么？将来我们在座的各位都会死去。不管你们干成什么样，你们最后干的所有的事情都会如云烟一般过去，其实也是浪费，因为什么也没有。但是人生最重要的意义是：你活着，为什么。

就像我们很多的同学，你今天所做的，包括你到这个学校来，包括读这个专业是因为你妈说了。你知道吗？你20岁的时候，你整天还是为了你妈说的。你没有意识到过了18岁你是一个独立的人，你要有自己的理想和自己的想法，你活了一辈子是为了自己。有目标而努力打造路径这个叫投资；有目标而没有路径，还不知道怎么弄，还在幻想目标，这个就等同于赌博。我们今天要讲的事情，20岁的人跟2岁的人最大的不同，就是你要打造路径。你们是一个泛工科大学，一个泛工科大学和一个泛文科大学最大的不一样，就是你们有工具。在座各位你知道自己是谁吗？你怎么知道自己是谁呢？难道我们今天就铁定是一个工科生吗？

我们中国绝大多数的大学生都是这样，把生命当中最好的4年的时光拿来学一个专业，却不是自己热爱的。年轻人把自己的生命，放在自己不热爱的事情里面混然不觉。你要知道没有热爱就没有敏感，没有热爱就没有投入，没有热爱就没有聚焦。没有热爱就不会有洞穿！

当一个人从事热爱的事情，他的热力和热情就会传染给其他人，领导力的第一要素就是热爱，因为只有热爱才有感染力。我们今天立志，用自己一辈子的力量完成三句话：第一，清晰地知道我是谁，我要做什么；第二，什么事情我一定要把它做好；第三，这些事情做好的时候，也许我没有享受那么多，或者我享受到了它，但是最重要的是更多后来的人会站在我们的肩膀上向更高的阶梯前进。

刘仪伟：我特别怕这种演讲，因为我觉得我不可以做年轻人的榜样，我认为没有一个人可以做别人的榜样，因为榜样有时候是误导你去走他的人生，而你没办法去走自己的人生。我也特别害怕“探索”这两个字，这两个字跟我没什么关系，我只好把它分开讲，“探”与“索”。

我呢，就试探着去索取一点点，有时候还真的可以获得一些些。那我就回首一下我的20岁，我跟你们有一点一样，如果当时袁老师让我们举手说你热爱你的专业吗，我也是属于那个不举手的人。大多数都没举手，说明什么，说明我们没错，都这样。不是我干的，是他们干的，就像刚才杨老师说穿的风衣拖地，不是我干的，因为我那时候个头儿买最小的风衣它都拖地。

在20岁的时候，我到了成都市供电局上班，在那儿待了4个多月就觉得挺无聊的。那个时代，那个工作多令人向往啊，但是我觉得没劲。所以我回去跟我爸商量，我准备要离开，准备要去北京。就是我们四川人讲的一句话：“走到哪儿黑，就在哪儿睡。”真的，我一直坚持用这么一句话探索未知的世界，我决不强求自己，我的经验就是：管他呢，胆大就行。我这么年轻，我们年轻拥有的就是时间。你不要怕这个事儿我做不了，也不要怕别人说这事儿做砸了怎么办。管他呢，凡是别人问这个事儿谁能干，我看左右没人，我就上。

在一试的时候，就发现你还真的能够干出来一点点名堂。探索是多元的，不是单一的。我不能给自己一个目标说，我要成为什么什么。你成为总理了吗？没有。你可以不热爱，但是有一点必须要有，就是热情。我每一次碰开一个窗户进去以后，我都拿出我的热情来对待，我会全心全意探索这个东西跟我有没有关系，如果我发现好，我就继续，如果我发现不好，我就全身而退。听父母的没错，偶尔依靠父母也没错，但是真的要找到自己的自在。

我坚持一点，探索什么呢？探索一条不错的路，而不一定是正确的路。探索一条不输的路，而不一定要是赢的路。这样的话，探索对我个人来讲，就有了一些意义。

离开成都的时候，我的座右铭是：走到哪儿黑，就在哪儿睡。现在我还有一句话要跟大家分享：当你无法改变一件事的时候，就学会喜欢它。

关于同学们的探索

A 同学：我在大一的时候是一个"学渣"，但是在大二开始的时候我突然觉得我需要探索一下学习是什么东西，然后我就成了一个"学霸"。

B 同学：探索那就是每天活得不一样吧。

C 同学：就是去进入一个新的环境，认识一些新的人。

D 同学：环游世界，去看你没有看过的地方，见你没有见过的人。

E 同学：找到自己喜欢的，和喜欢自己的那个人去吃遍世界各地的美食。

F 同学：就是找到了 TA。

G 同学：经常去隔壁的女生宿舍楼望一下。

H 同学：我有一次扮了男生的样子，冒充进了男生宿舍，这样算是探索吗？

I 同学：探索就是在你漫长的人生中去经历所有的不可能，去看更大的世界，哪怕这个世界很无奈，但是你仍然孜孜不倦地"吾将上下而求索"。

关于坚持自我、推销自我、试错的讨论

杨澜：袁岳先生，你是家里最小的，又是儿子，那妈肯定是最心疼，最宝贝。所以

她最没有约束你，但是我听说你那个时候也是从一个公职辞职下来，那个事情给你妈妈很大的打击。

袁岳：对，我妈妈就认为你好不容易当一个中央干部，她认为只要中央机关当干部就是中央干部嘛。然后你干吗辞职当一个个体户呢，一点头脑都没有。然后我就跟她讲。

刘仪伟：要不就是他们家出总统的梦想被彻底扼杀了。

袁岳：就是就是，说你倒腾一买卖，比如说卖服装的这我能明白，但是你搞这个公司到底卖什么东西，这个我搞不清楚。但是我跟她说不清楚，她就说你卖东西你都说不清楚，你怎么能搞这个公司呢？那你脑子就真的有问题。所以我跟你讲一直到后来过了15年了，我妈从中央电视台有一次看到我露脸，她说这个事情中央看来也认可啊！

杨澜：今天台下坐的孩子们，基本上都是独生子女，万千宠爱在一身，有多少爱就有多少责任，有多少压力，你要选一个什么样的职业，似乎这个跟全家人都有关系，而且都是以爱的名义，的确是爱，是吧！所以对于今天的孩子们来说，他们怎么能够去争取他们身边最爱的人对他们的梦想的支持呢？

刘仪伟：首先第一点，你不能够反感家里人对你的爱，也不要去抗拒这个爱，更不可以仇恨这个爱。其实在爱的前提下，你做任何事情都是可以迂回的。你如果说你的家用爱来约束你，你学会了怎么样去对付你爸妈，将来走入社会就学会了怎么样对付领导。你要在家里面对你爸妈都应付不了，将来你上了班，你也不会是一个和领导和睦相处的好员工。

袁岳：我就指导我的侄子，他是“90后”，他妈就管很多，他要环游全国。我说你这样，你做一个PPT，做完之后放在电脑上，你跟你妈说我有一个方案，他妈第一就很自卑，儿子让妈妈看自己都想到去什么地方，是什么情节，拿什么钱走这一段，这一段怎么走，他妈看完之后就说：“你都想过了，我全想过了，那行吧，那你去吧！”因为他妈妈觉得她儿子讲的PPT，她基本上都不懂。所以她第一次觉得她的儿子比她棒。

刘仪伟：我现在终于明白了袁老师他们调查公司给客户汇报都是PPT，主要是为了让客户首先自卑。

袁岳：部分的，首先你要让你的父母知道你是认真准备的，特别要变成书面的，变成PPT这非常重要。

杨澜：其实在年轻人面临社会的时候，咱们也没有什么爹可以拼，也不是富二代，都要靠自己白手起家来做的时候，其实你有一个非常重要的能力，而这个能力恰恰是我们的学校、我们的教育体系一直没有很好为我们做准备的，就是你如何向这个世界推销自己。必须要把自己的理想、梦想、甚至把自己推销出去，你们当时都用过什么招？让别人接受自己，无论是作为职员还是作为投资的对象。

刘仪伟：我在这方面就靠胆大，你要有底气，要有自信，他就一定会觉得你比别人好，千万别怕，这是第一。第二别夸张，你哪怕说得少一点。第三礼貌。

杨澜：我听说你在大学的时候，就培养了善于寻找自己的位置的能力，比如说学校正在组建足球队，男孩子们都竞争上岗，希望成为校队的成员，因为女孩子看你们的眼光就不一样了嘛。你当时争取到什么位置呢？

刘仪伟：因为我当时特别想加入足球队，但是他们都不要我，说我踢得不好。后来我就想了一个办法，让我爸给我开了一些酒，80 年代名酒啊，很便宜。4 块钱一瓶的酒，我可以卖 20 块钱，然后卖了一箱酒挣了将近 100 块钱。我就去买 T 恤，就是球衣，每人送了一件，我就成了领队。每次比赛我走在他们的前面。

袁岳：但是最后不用踢球。

杨澜：不用踢球，就是最后他们赢的时候，领队上去领奖就可以了。所以要问袁岳，你有没有什么，当你还是一文不名的，就是一个大学毕业生的时候，或者刚刚辞职下海的时候，你怎么去推销自己的。

袁岳：我那个时候不会讲话，因为我从小家里人都不让我说话。我们家里每个人说完就没你事儿了，然后我就不说话。我到大学办的第一件事情成立南京大学演讲协会，我成立演讲协会，我不会讲怎么演讲呢？我是第一次发起了南京大学演讲比赛，比赛完了把演讲好的变成了我们的副会长，我是组织的，我当会长。

杨澜：你看，所以就是当领导好啊。

刘仪伟：那咱们俩一样，

杨澜：真是，你们俩都是善于当组织者。

刘仪伟：我还是不如他，他通过那个练了口才，我到现在还是不会踢球。

杨澜：我最后一个想问你们的问题，就是关于试错这件事儿，就是说年轻最大的财富，既不是你的身体棒，或者也不在于你青春美貌，而在于你有尝试犯错的机会，你有从头来过的机会。所以在这样一个年龄段，如果你没有真正地去尝试过那我觉得你太亏了。我想说的就是真的错的时候，你们怎么样再站起来的。

刘仪伟：我从来都是认错，从来不会狡辩，错了就是错了，赔了就赔了。到现在我老婆一生气我就认错。

杨澜：所以跟老婆关系特别好。

刘仪伟：认错绝不丢人，认错也不会让你气馁，认错只会让你找到新的方向。

杨澜：袁岳呢？

袁岳：心态首先非常重要，在年轻的时候，我们犯了一个错误对于我们来说也积累了知识，每个教训我们往前走的时候都是对我们有利的。如果你什么都没走错，其实你就不知道路在何方了。

提问环节

Q: 当我们走出校园进入社会的时候，职场需要我们大学生具备怎样的基本素质能力？

袁岳：我觉得，我们把这个段分得太清楚了。校园的生活和走向社会，好像之前就不走向社会，走向社会之后就不走回校园。我觉得我们很重要的就是今天在校园里面的时候，我们在一开始的时候多给自己创造机会，多走进社会。

北京邮电大学的同学有了一个项目叫“夕阳再晨”。专门叫孙子教爷爷奶奶学电脑。把三千多位老人全部教会玩微信。他通过做这么一件事，他实际上就走向社会了。所以，你看，这个时候他就不说到最后哪个时候画过这条线开始走向社会，他在一开始的时候就已经走向社会了。所以同学们，我们实际上虽然在大学里面看起来是有很多的知识落差，但是在跟社会交流过程中间，能够给我们加分，赢得很多分数，不只是考试的分数，还有很多社会上对我们的认可。

Q：我们年轻人，应该如何像您那样，同时做好每一样事情，并且做得游刃有余？

刘仪伟：如果你想身兼数职的话，你就做好一个取舍，比如说学习必须占我三分之一的时间，那我就一定不干别的。另外三分之一，再三分之一，你就选你最喜欢的。其实身兼多职，并不是说你执着，你学习是执着的，这三分之一的时间，试量一下不喜欢换别的，再不喜欢再换别的，最后就找你喜欢的，你就发现这两样我做成了就够了，没有人做成十样的。

Q：生活的理想是为了理想的生活，对于理想我们是应该安于现状随遇而安，尽管那并不是我们的初衷，还是说我们应该不断地去追求，直到完善这个理想？

刘仪伟：你有可能成为你想要的那个人，只要你随时修正你对那个人的标准，你说最后能否完成初衷，初衷的事儿就别想了，我最初的时候还想娶张曼玉呢！

袁岳：在我碰到的绝大部分的朋友中间，他们所努力过的那件事情，后来都成为在后面做成的那件事情里面的元素、成分或者基本的样式。在这个意义上来说，理想意味着什么呢，意味着你认认真真为某一件事情做过，正因为你认认真真为它做过，那件事情所余存下来的东西，在你做的其他的事情里面，你都会得到超过你预期的报偿。这是我自己的一个认识。

杨澜：我想给一点我的建议，其实通常我们在说自己的理想的时候，它往往和我的愿望，甚至和我们的欲望混为一谈的。其实当我们在想做一个作家、当一个总理、当一个 CEO 挣多少钱的时候，那都是你给自己设定要做什么，我觉得理想更应该是我想做一个什么样的人，当你对自己要做什么样的人有所期待，有所自我约束的话，你一定能做成你要做的人。

Q：怎么样更大程度上地发掘自己，有的时候发掘自己的方式比如说给自己设定一个目标，哪怕自己不是特别特别喜欢，那这样算不算是自己的发掘？在发掘的过程中坚持和偏执怎么把握这个度？

刘仪伟：你坚持到痛苦的时候，就天黑了，就应该睡了。当你在挖掘自己潜力的时候，你并不知道，如果你并不知道自己能干什么，你就什么都要试一下。但是试的时候不要执着，人家挖石油都得挖十个坑，出一个坑油就赚回来了。所以千万不要执着在一件事儿上，你就去干，干十件事儿，总有一件事行。不一定你非要热爱。如果说你在做一件事儿的时候已经觉得自己辛苦了，坚决放弃。你要想哪怕人生你享受几次放弃的自在，都对得起自己。

杨澜：陆游曾经写过这样的两句诗："纸上得来终觉浅，绝知此事要躬行。"意思就是说，书你是要看的，这个世界也要去行走的，要做事情，你才知道自己的坐标系在哪里，才知道真正爱什么，自己能够做什么，这个世界需要你做什么。

做自己的冠军

7

主讲人：陈一冰

他是一位奥运冠军，他怀着对伟大的祖国的挚爱深情，在国际赛场上，屡次为国争光。功成名就之后，他不忘回报祖国，誓将公益进行到底，他就是我们的奥运冠军吊环王子陈一冰。

他是中国体操名将，体操男队队长。1998 年开始体操训练，2005 年开始在国际比赛中崭露头角。2006、2007 年体操世锦赛冠军，2008 北京奥运会团体冠军、男子吊环冠军。2010 年广州亚运会开幕式主火炬手；2012 年获全国体育运动荣誉奖章；2012 年获奥林匹克运动员荣誉奖章；2012 年获网易体育奥运榜样评选“中国奥运榜样”；2013 年获 CCTV 体坛风云人物特别贡献奖；2014 年获公益时尚报中国慈善榜慈善明星。

他与我们探讨人生，分享自己对于冠军，以及竞技体育的理解。

他勇于坚持自我、挑战自我，这种健康、积极、阳光、向上的正能量，如永不落的太阳，影响着更多的人。

精彩语录

1. 这么多年了，我要尊重我的选择，我必须要。对我自己的付出要有一个结果，要有一个尊重的结果。

2. 不管以什么样的方式进入国家队，你现在已经在最好的平台了，不管你最后是怎样的结果，你应该对得起你曾经在这儿的任何的一次机会。

3. 我每天就是不断地把自己的所有的状态调到最好，比赛的时候，我觉得这跟训练差不多了，我觉得我没有想去证明自己，只是比赛。

4. 最重要的是你要活好自己，做自己的冠军。每一天你都要知道自己想要什么，每一天你都要知道昨天的不足是什么。

体操选择了我

我是从 5 岁开始练体操。5 岁，很小，几乎不懂得什么是体操，也不理解什么是体操。我当时怎么坚持我的体操呢？因为我是个早产儿出生的，当时很小，我经常生病，经常去医院。大家都叫我改善体质，叫我去锻炼。当时一个亲戚认识一个体操教练，教练看到了我以后，就说跑一跑跳一跳还不错，说这小孩还行，就选了我。

从 5 岁开始我就知道什么是竞技体育。什么是残酷，我从小就有深刻的体会。然后跑步、练单杠、磨手皮，这样继续练就形成了老茧。当时有人说你为什么要坚持下来，原因很简单，我从小家庭条件就非常非常困难。我出生在一个 30 平方米的家庭，爸爸妈妈是普通工人，家庭条件应该是中下的那种。我忍受这些，坚持了过去，我能够在比赛得到一些铅笔、一些铅笔盒、一些书包。跟我同龄的小孩有新玩具，我家人却很少给我。但是我经过了自己的努力，我能得到这些。我当时练体操就是因为这个。我在全国少年儿童比赛中，得了第一。我在你们当中应该是最矮的，但我长得还行。一晃 5 年过去了，就在这个业余体育学校里。20 岁就开始选择要进入专业队。很简单，进专业队意味着可能从此就不再跟你们普通学生一样了。因为在这之前我每天上课几乎是跟你们一样，我只不过是抽出每天放学后的时间去练习体操，进专业队就不一样了。因为我喜欢体操，所以就选择进专业队了。1994 年进入专业队，一直到 2000 年，这一晃 11 年了，我经历了什么？进去以后意味着练习更专业，而且更痛苦了。每天早晨起来，那时候开始住校，住在体工队里面。10 岁，一直到进国家队之前，17 岁之前，这 7 年，每天早晨 5 点半准时楼下集合出早操，400 米的田径场，至少 15 圈，而跳倒立就 1 小时。差不多 7 点到 8 点吃早饭，然后上午上文化课，那个时候文化课可能会相对来讲，就有一些增加，有一些减少。因为我们可能到后期就不会去学自然、音乐这些课了。我们只有数学、语文、政治、英语，因为我们精力不太够，而且每天的训练时间要占大部分，人的精力很有限。每天除了做完早操以后，要学习新的难度，更加的危险。我每天都会学习一些新的难度，很害怕，比如我们学单杠一些空翻动作。

我们的学习都是一点点学会的，都是先学习练、拉，腰要很好，然后再学习动作。再去掉腹部带。抓杠的时候，杠旁边有人站着。用单手往后飞，要飞到你抓杠的垫子上，因为你不知道，你空翻以后会来劲。然后再脱开这一层保护，自己完成。经常会空翻，然后单杠，经常会出现摔杠。包括像我学习自由体操开始，两周的空翻。其实大家看我们体操动作，是非常难的，是吧？就觉得很多动作，都不是能马上学会的，太不可思议了。其实我们小时候，都是一点点学会的，而很小的时候，能力还不足，高度不够。我记得 12 岁的时候，一次严重的伤就是做两个后空翻的时候，因为技术不对，直接仰过。应该是脚落地，结果是膝盖先落地。大垮，还有很多很多双杠，会撑得手关节骨折，会受很多骨骼的伤。有时候磕一下、碰一下、流点血都很正常。我们每天还要练很多很多的身体素质，来回跑步、脱力、腹肌、俯卧撑、引体向上很多很多，你们认为很多基本的体育项目，对于我们来说是一个基本功，练习一些技能的一些力量。有这样一种跳杆，我的脚在地下，400 米一圈，连续跳 5 圈，锻炼大腿力量，然后弯曲一下立定跳，400 米一圈一腿两圈。这些练习都是为了激发所有的潜能。为什么我们说当时是凭运气呢？在所有的情况下，我每天都是这样。我当时感觉到很害怕，我觉得我为什么要做这么多。每天都被教练骂，然后有时候又危险。我想为什么要坚持？当时我第一次，也是练这些年体操第一次有放弃的想法。我就跟我的爸妈说，我真的受不了了，我不想练了，真的太苦了。我觉得我压力很大，我爸妈对我很吃惊，也很失望。我爸妈说："你想好，我们尊重你的选择，你要放弃，你就放弃吧。"完全是一个很意外的，当时 16 岁，我想了想，练了 10 年体操了，巡演 10 年了。我说，这么多年了，我要尊重我的选择，我必须要对我自己的付出有一个结果，要有一个尊重的结果。我考虑了大概 2 个月，这 2 个月，我不去练体操，就去外面上课，上课还是挺舒服的。对于我原来的训练来讲，非常枯燥，也会很累，但没有那么危险了。但是我想，我不能放弃。我一定要尊重我自己的选择。

艰难的国家队历程

我以为这辈子练体操也就是这么回事了，我每天还是这样训练，我想我努力努力。我在 2001 年的全国青少年体操赛的时候，拿了吊环冠军，当时特别高兴，通过这一年的努力，我觉得我尽了我最大的努力拿到了这个冠军，我回过头来想，我认为这条路是正确的，然后就朝着一个运动员去培养。一个特别偶然的机会进入了国家队，我们进去还是天天训练。我连续两年集训都没有被选上，很多人去，也没被选上，回来继续训练。突然有一天教练告诉我："一冰，你收拾收拾你的包裹，准备去国家队训练。"当时觉得特别高兴，终于有机会去国家队了。我进入国家队的时候，完全没有人认识我，也没有人重视我。我到国家队以后，被分到二线。当时我去国家队的时候，一线是小鹏、杨威他们，他们已经拿到悉尼冠军了，我觉得他们就是神。这一批人，他们都跟我一样大，大多都 17 岁。但是他们非常有天赋，被所有人认同，认为他们将来一定会拿冠军。我很不幸跟少年队的运动员在一起。这些运动员都是全国各地来的，都是半年以后才培养的，全都是一批天才。国家队是一个永远都不会缺少人才和天才的地方。我当时才 17 岁，我每天特别地痛苦，谁也不认识。除了教我的教练，没有一个教练认识我。大家都知道新来的，都不知道名字。当时我特别瘦，国家队每周一都有全体例会，每一年新选上来的运动员，都会在例会上自我介绍，比如：我是陈一冰，我今年十几岁来自哪儿，我的榜样是谁，我希望自己成为奥运冠军等，我连这种机会都没有。甚至我住的宿舍名牌都没有名字，都是其他人的名字。我爸妈早上起来坐火车过来看我，来找我的时候，问我的名字，我当时觉得特别痛苦，因为我没有门牌，我是天津队的运动员。第一，国家队没有一个认识的人。第二，所有跟我一样大的，像海滨，我觉得我跟他们本身就有很大的距离，他们是被看中的运动员。再往上看就是连大气都不敢喘，就根本不敢跟小鹏他们说话了。我当时觉得自己是空气。所以我每次都在想，我是来国家队了，但是我现在跟大家都很不熟，也许大家都不知道我是谁。我当时特别想回到从前，因为我实在太痛苦了。我没有一点点的自尊，就是你连被人认识的那种自尊心都没有，更谈论不上别人看不看得起你了。所以我当时觉得特别痛苦，就跟我爸妈说："爸妈，我真的想回家，我不想在这儿待着，在这里我坚持不了。"我爸妈跟我说一句话，不管以什么样的方式进入国家队，但是你现在已经在最好的平台了，不管你最后是怎样的结果，你应该对得起你曾经在这儿的任何的一次机会。

那一刻起我每天要比别人早进来一小时，然后晚出去一小时。大家都认为陈一冰有天赋吗？我认为我肯定有天赋，但是天赋是什么？我认为我的天赋是在于，我能够坚持。有很多天才，有很多人才，他们每天训练，我觉得在我看来就没有道理。我觉得我真的是一半的天赋都没有，所以我认为天赋就是，学习的动作，我可能要重复一千次，每天重复学习，要去自己体会，要去掌握。可能天才认为掌握很轻松，很容易。训练都是自我管理，虽然国家队管理也很严，但是对自己的要求是不是很严，只有自己知道。训练出来以后，天才就会开始玩游戏，开始跟别人出去吃饭等，而我认为我成功的最主要原因，就是管理好自己，我每天要比他们多练习。我每天训练完以后，都要去看记录录像等。

我是一个特别容易胖的运动员，属于海绵体质，就是每天喝水都会长体重的那种。那怎么办呢？首先一年我不会吃主食，我不会吃馒头、米面什么的，我每天只吃一顿饭。备战奥运会的食谱是什么，一天超过 100 块钱的伙食，每顿饭鸡鸭鱼肉虾什么都有，你愿意吃，可以几天把自己吃成大胖子。不要笑，我们有很多运动员，都是因为这种原因被淘汰。你们饿过吗？我们吃饱饭过分吗？不过分，但是如果你是容易长胖的运动员，你一吃，意味着什么？意味着你就要因为很重被淘汰了。我觉得目标和自我管理是最主要的。我特别饿，我早上起来一杯咖啡就去训练了，中午四块馅饼，要一条鱼，一年都会吃这一个食谱。然后如果渴了怎么办？喝几口水。在别人没起床之前，先进行长途跑步把体重跑下来，然后一直把体重跑下来再吃。我们应该体脂差不多是 2. 9，就非常非常高，体脂在身体 2. 9，这种程度会感觉在夏天开空调会冷，会感觉饿了睡不着觉。我那时候每天最常干一件事情就是什么？一天称好几次体重，早上起来看一下体重，晚上就吃一个苹果也称一下体重。我一握拳，感觉自己像个机器猫一样，握得特别实，就那种特别肉乎乎的手，赶紧先去跑步，每天都要减肥。所以怎么样去控制一个人的食欲？怎么样去控制人的意志？你说人天生能吃。我当时想，杨威、小鹏他们怎么吃都不胖，为什么？没有天理。

我当时就有一个目标，我就想付出一切证明一下，我自己到底有多大的潜力。每天坚持复习动作，每天不断重复自己的那个目标，我当时想在国家队让大家知道我叫什么名字。国家队有一个世界冠军墙，凡是拿世界冠军都有照片放在上面，我就想证明这个。我每天要做什么呢？每天要做很多很多训练。训练一下体力，没有办法去理解，我们大家跑步都有极限，但极限都是靠自己拼出来的。在国家队的时候，一群对手，全是对手，他练的时候，我也要练。每天我要比他练得更多才算成功，我把自己练到“永远都准备好”。当然有一句话是“机会是留给准备好的人的”。这句话肯定是对的，我就是一直准备好的。当时就想，我每一步都走得非常踏实，每一个目标都走得非常准确。

天才他们会很快地掌握一些技术，很快达到顶峰，机会到来的时候，他就能抓住机会。他训练特别地扎实，有这样的一个训练状态，他会非常执着地练两天，很快达到一个水平，但有可能因为缺乏那种坚持而懈怠下去，是三天打鱼两天晒网的那种状态。一个比赛上他想证明自己，但可能会失败。失败以后，他就会觉得这没什么，这只是我自己没发挥好。再给一次机会，因为一次失败，他这一次会很紧张，就想证明自己。但还会有这样的一种结果，比赛因为过度紧张失败了。所以我觉得天才应当这样做，要有一个持续的坚持、持续的状态。不像我，我是一个比较笨的人。我每天就是不断地把自己的所有状态调到最好，比赛的时候，我觉得这跟训练差不多了，我觉得我没有想去证明自己，只是比赛。把握个度，我觉得这个还可以，还不错。下去的时候，你还是这种状态，所以一步一步就是这么去实践自己认可的价值，下一点，再下一点。

从不为人知到世界冠军

当然所有的付出，都是有结果的。2005 年的亚运会冠军，2007 年世锦赛，2008 年奥运会。应该是我在第一个周期，最辉煌的一个状态。从 2005 年开始一直到 2008 年，自从我正式成为一线运动员，得到第一个世界冠军以后，一直到 2008 年，只要我训练比赛，两国金牌就同时拿下。从进入国家队，谁都不认识我，到后来成为在家门口的奥运会冠军，拿下两枚金牌。怎么说呢？应该是一个不可思议的状态，对于我来说，我从来没想过。2008 年之后，一夜之间成为大家都知道的大班的运动员了，都认识我了。从我自己来讲非常满足，特别特别地满足。我当时想过退役，2008年之后我特别想退役，还能达到比这个状态更好的吗？我从来没想过。再到2009年，差不多一年的时间，是我开始三天打鱼、两天晒网的一个训练，我也变成一个天才，我也变成那种不努力的人。开始今天练一下，明天休息。因为我开始想退役，没有想太多。我上半年全国比赛第二，当然觉得没什么，因为我没努力。全运会第三，我终于退役了，终于可以回家过年了，终于可以陪爸妈了，终于可以去旅游，终于可以去度假，去做我想做的事，我也终于可以去吃我想吃的东西了，真的满脑子都是这种想法。当我从全运会"宝座"下来的时候，我看到他们打的条幅，"一冰哥加油"，当时有30多人在馆外。出来之后，他们当时看着我说："一冰哥你别难过，你是最棒的。"我当时的感觉就是特别想找个地缝钻进去，因为我当时觉得我要退役了，终于可以结束了。但是他们安慰我，"一冰哥你没事吧？""你是最棒的，你只是没有发挥好。""那一个月以后的世锦赛你会去吗？"我当时满脑子都想着退役，我看着他们，我没有想过有一天会成为很多人的学习榜样，用我一点点坚持、一点点行动感染大家。当时我就觉得，我一定去。2009年，那一整年，又回到以前，练得很苦。因为答应别人的事情要做到。然后我每天就开始控制自己的体重，去跑步，去减肥，去增强，去放松。从1200的高空跳跑，喝水，减体重。就做这个事情，其实那个时候还不错，一个月我的状态水平，应该还是可以拿到世界冠军水平。我也顺利地入选了，跟着去世锦赛了。预赛的时候，共10个动作，前9个动作非常好，最后一个动作的时候，从我学习这个动作到我比赛，这么多年，我们做几十万次都差不多了。从来没出现这个问题，脚尖在环上，改变了运动的轨迹是最大的失误，我连决赛都没有进。当时下台记者采访我，你感觉怎么样？我当时觉得不知道为什么脚踢环上，没进决赛。我趴在那儿哭了，我哭并不是觉得我输不起，我对那些支持我的人，我都没有做到。可能那个时候，才慢慢意识到什么是责任，什么是一个榜样应该去做的事，什么是一个区别于体操去做的一些事。在那个时候，我想，每一个动作对肌肉的伤害是非常大的，所以当时觉得这么多年了，25岁了，我是应该退役了。这时候我们的主任找到我："一冰，希望你挑起这个大梁。"那半年杨威脚疼，退了，小鹏哥退了。当然这个时候，我第一时间、第一个想法是什么？是逃避。因为我害怕，第一我作为队长，我怕输，我怕我作为队长的时候，在下一个时期，一直输。我们是中国体操男队的，虽然体育没有政治，但是因为民族精神，就是我必须要战胜对手，必须要让祖国的国旗比其他国家的要挂得高。这才是我要去做的，我当时特别害怕输。第二是当时觉得，邹凯那时候状态不好，这些小将都还没有。这样我害怕我年龄越来越大，害怕我状态也不好保持。我怕我自己盯不到那个下面。第三也是最害怕的事情，我怕我自己付出所有的一切，因为我知道我这一年来是怎么过来的。2008 年以后，我家里经济条件好很多。然后我觉得我可以去享受了，可以去做一些，我觉得所谓正常人的日子，我可以去陪陪我的爸妈了，这么多年。我也没有在我爸妈身边长大，我 2001 年进国家队，我家在天津。我爸妈每半年来看我一次，我这 7 年，都没有回过家，我没有陪伴我爸妈，然后我们没有节假日，只有礼拜天一天的休息时间。而且看是什么状态，要是在备战的状态，我们星期天是下午半天，我们只有半天的休息时间。那么多年，很多时候，我没有任何时间跟朋友去旅游。我知道我战胜了很多的困难，实力再加点运气，就成了 2008 年的冠军。现在 2009 年，首先我要付出这些能想像的生活，还可能会继续拼尽自己的体能去对抗。而且体能肯定是越来越差，因为年龄在增长，然后去跟新的队手对抗。没有人给我肯定，只要我做到这些，我就一定成为 2012 年的冠军，所以我最害怕这个。我必须要付出所有，我不知道结果。那个时候觉得男人应该是这样，我觉得必须要这么做。我从来没有想到，第一我可能是中国历史上当队长成绩最差的，一直第二、第三。第二名可能是我付出了很多，甚至还有可能在训练当中受伤。所有的一切都准备好了以后，然后我做了小队队长，从那以后每一天都要比别人多跑一小时。因为我年纪大，但是成绩当时也是最好的，应该算是大腕了。教练当时找到了我，就跟我说：“一冰，你现在是一届奥运会，我愿意教你，但是你必须要答应我一件事情，就是如果所有的计划，你能百分之百地执行，那我继续教你。如果你说，只能计划 80%，或者有时候计划你跟我商量，那我觉得你就可以退役了，因为你永远不可能再做。”我答应了教练。因为我每天练同样的东西，跟我上一个周期差不多。那我已经二十七八岁了，而就像二十四五岁一样，差了好像三四岁的年龄，却没有感觉。大家练完以后，我会感觉每天早晨起来，一睁眼，从头到脚没有不疼的地方，除了肌肉可能就是伤的那种疼。每天不疼我就不太会练，每天都会坚持。晚上我都会把每个关节活动得更开一些，因为我怕拉伤等，就是这些也有一些回报。2010 年的世锦赛，然后 2011 年的亚运会、2011 年的世锦赛、2012 年的奥运会这还是比较完美的，完成了所谓的团队。

2012年伦敦奥运错失个人金牌，成为永远的痛，但我更享受体操带给我的快乐

2012年奥运会时候，我们预赛团体第6，我当时就蒙了。晚上回来以后思考怎么解决团队的问题。有的人说是个人的问题，还是团队的问题。其实把每个个人成绩组成在一起才是最好的团队。晚上把所有人叫在一起，我问他们害怕了吗？怕输了，我说我比你们更害怕输。你们都还有机会，我没有机会了。我就这一次机会，就退役了。每一个人我都跟他们说，大家能为明天的结果承受所有的一切，即使明天第二。当时我就是这样想的，我想要付出所有的一切，我觉得我一定要战胜队友，因此付出了很多的心血在里面。大家的团结也很重要，每一个人都会为了目标付出所有。在决赛，抛开所有的包袱，拿到冠军。拿到冠军，我觉得我至少压力没有那么大，应该也挺完美的。结果还可以，第二名是我们没有想到的。所有人都问我："一冰，当时你拿到第二的时候，是什么心理状态？"怎么说呢？很痛。当我认为我发挥最好，看到最后一个对手跨进一大步的时候，满脑子都在想，冠军拿定了。然后想一会儿采访的时候怎么说。当时我爸妈也在现场，自己的心情也很好，我就开始想假期。满脑子开始想这些。当时觉得一瞬间不太相信，这怎么可能。然后那种痛就是憋得慌不知道该说点什么，你不能体会对手，你也不能体会自己的那种，你只有有权利申诉。我当时没有输过一次，2009年那次我失误了以外，2005年开始到2012年，大赛小赛一直都是我拿的。所以当我发挥很好的时候，我非常庆幸，我的包里面就是国旗，我特别想看着国旗然后去庆祝。我的庆祝方式都想好了。那个时候，我第一觉得特别痛苦，第二觉得我要祝贺对手，我要去祝贺我的教练。我觉得我的这个金牌是沉重的。我这些年，我成长的是什么？就是面对不公平的时候，我输的时候，我已经能输得起。我庆祝的时候，我觉得都是我想去感受的这几年的生活。我觉得这些经历很重要，非常重要。

2012年是银牌。但是我获奖的时候，你说我有什么想法？没有什么想法，我非常非常地享受。我当时做的两份工作，我都非常享受，包括工作对我自己的肯定。我觉得银牌会有很多很多的遗憾，这个遗憾也是我永远无法更改的。但是我得到更多人的关注，得到更多人的支持，我觉得我人生得到了很多。还有就是当我觉得面临不公平的时候，

这种心态。我一直理解公平是什么，但实际上却有很多的不公平。我跟其他人交流的时候也是，你说一个人出生，很多的东西都是不公平的。但唯一公平的事情就是，你有你自己的能力，通过自己的努力去改变，能让所有的不公平变成公平，变成你认为关心的事情。

成功，在于坚持

回头看我这么多年的付出，如果要讲出来，第一是因为坚持，然后能站在这里，第二我是因为有一种目标，为了这个目标我付出了一切，第三我能突破这个公平，我能知道自己其实想要什么，然后努力去得到什么。

很多人跟我开玩笑的时候说，18 岁的时候是上知天文下知地理的年龄，因为你为这个目标而去考大学。考上非常非常理想的大学，你为了这个目标能够付出一切，当然这一切，家长会清楚，老师会清楚，你自己也有自己的目标。但是更多的时候考大学，进入一个好的学校，这 4 年，有的时候，一晃就过去了。这 4 年你接触了很多的朋友，接触了很多的同学，然后你去吃、去玩。有很多时候会感慨谁的家里条件特别好，谁的家里关系好。

其实我觉得这些并不重要，最重要的是你要活好自己，做自己的冠军。每一天你都要知道自己想要什么，每一天你都要知道昨天的不足是什么。冠军很简单，冠军就是登上领奖台最高层的那个人。你每一天都要说自己就是冠军，每一天都要做自己的冠军！

8

主讲人：陈向东

陈向东，
曾经的新东方执行总裁，
如今的跟谁学创业先锋。
走入新东方，是对教育的追寻；
走出新东方，却能看到更广阔的世界。
十年树木，百年树人，
以毕生勇气创立教育集团，
是大智大勇者的选择。

精彩语录

1. 我们每个人都是希望，我们都想给予别人更多的希望，我们每个人都将创造更大的希望，我们希望我们的周边都是希望。

2. 如果你未来想创业，那么你在大学四年的最大修炼，是包容，就是你能够去接受别人，别人能够接受你，你能够跟别人合作，别人愿意与你合作的能力越强大，最后就能够越成功。

3. 所以免费是最昂贵的东西，问题是你怎么要一种免费，做一种别人离不开你的最昂贵的价值。

读大学，能为创业带来什么

面对各位同学，我想说大学四年，究竟什么是最重要的？创业路上究竟什么是最重要的？我们每个人所过的一种生活，究竟应该是怎么样？如果说让我用两个字来总结一个人的一生当中最应该追逐的东西的话，我想其实不是幸福，不是你所拥有的财富，我想就是两个字，那就是勇气。当我们有勇气对别人说出爱的时候，当我们有勇气去拥抱一种变化的时候。当我们有勇气去面对一种挫折和挑战的时候，当我们有勇气来面对我们自己的不成功很尴尬的时候，当我们有勇气来真正向别人说，是的，今天我还不成功。但是有一天，我终于成功的时候，我将借助勇气，成为一个人真正向前走的力量。作为一个人，能真正创造美好的力量，才能够成为一个人，而成为希望的力量。所以今天我们就很成功，我们经常说我们带来中国最高的价值。成为大学里面非常优秀的一个个体的时候，永远别忘了，这又成为你人生的一个新的开始。

如果你未来想创业，那么你在大学四年的最大修炼，是包容，就是你能够去接受别人，别人能够接受你，你能够跟别人合作，别人愿意与你合作的能力越强大，最后就能够越成功。我经常说，如果在大学，你能够练习无比强大的包容别人的能力，未来你走向职场的时候，你就具备着领导他人的创业家的基本特质。

创业时代已经到来

我相信今天是一个创业的时代，我们共同认知的一个话题是，今天是一个移动互联时代。而移动互联时代，发生的一个最重要的变化，其实是从苹果的变化开始的。五年前乔布斯对人们说，苹果手机屏幕之所以是3.5英寸，因为3.5寸屏幕的手机最符合手感，最符合能够让人打电话的需求，最能够勾起人的交流欲望。但是你们是不是发现，三年前的时候，当我们看到有人拿着大型的手机，我们会觉得这个人怎么那么傻呀，那么大型的手机。而今天你看看，当苹果也推出到5.5寸大型手机的时候，手机已经不仅仅是手机，而成了一个真正的移动设备，成了一种生活方式。

移动时代，创业变得无比强大。在移动爆炸时代，个体的意识在觉醒，个体的力量在强大，个体创业会无限增多。某种意义上，我们电子科大的同学，今天面临着巨大的创业、创富的机会。跟随我的团队有200人，其中100多人是工科。100多人是理科，其中100位是产品技术研发的同学，其中大概60位来自于百度，大概30位拿着百万年薪。而那些百万年薪的机修师，为什么愿意加入我的团队？是因为在今天这个创业时代，谁都不愿意失去这样的创业机会。

创业最需要什么

我们今天创业最重要的是什么？勇气。而勇气里最重要的是什么？首先是容下别人，能够容下别人，能够包容别人。这才是世界上最多的勇气。当你看到别人的身上都是钉子，你的身上就都会是伤疤。当你看到别人的身上都是伤口，实际上你的身上都是钉子。因此我想说，如果你这大学四年，能看到更多的幸福，是因为你包容了，是因为你热爱了，是因为你接受了，是因为你改造了。我在哈佛读书的时候，做过调查。在哈佛商学院，你们最重要的是什么？每个人都会说，在哈佛商学院读书最重要的是交朋友。世界上最贵的东西，往往是免费的东西。空气免费，谁能离开空气；妈妈对我们的爱是免费的，谁能抵得了妈妈的爱；别人的关怀是免费的，一旦今天所有关怀都没的时候，谁能离开别人的关怀。所以免费是最昂贵的东西，问题是你怎么要一种免费，做一种别人离不开你的最昂贵的价值。某种意义上说，大学四年，你在每个点上去抓，我觉得交朋友变得无比重要。大学四年的自我管理，某种意义上讲也是来自于朋友的管理。你结交什么样的朋友，就决定着你有什么样的高度。

在大学里面，怎么通过某一个关键实践、某一个专项技能来提升自己的能力，这点非常重要。所以我为大家解密，我是怎么样打造自己的。小时候我父亲不喜欢我，我母亲不喜欢，我爷爷也不喜欢。不喜欢我的原因很简单，是因为我特别闹事，特别调皮。但真正有一次我感觉我很骄傲，是在小学四年级的时候，我父亲偷偷地和我母亲说，我在全村的比赛得了第一名，我看到我母亲笑容灿烂的那个瞬间，我就知道，我也有被指正的机会。后来我在数学上经常动脑筋，数学成绩是最棒的。到了小学五年级的时候，我就特别爱表现，表现一次就被我的数学老师发现了。数学老师给了我很多机会，后来初三数学竞赛，我们那里下了大雪，等到县城考试的时候，迟到了 3 分钟，最后考了 21 名，没有能够参加奥赛。后来我考到数学竞赛第一名，这让我自信心爆棚。数学竞赛第一名的成绩提高了我在班上的地位，所以我在当时的确引起了所有女生和男生的关注。不怕笑话，我小时候数学表达都说不清楚，初当老师的时候，我也要拼命地背诵单词。所以我想告诉各位同学，在大学的四年里，如果你有坚持向上的、奔跑的、被别人所不理解的努力，我相信在这个战场上你会越走越远。我们团队里边有几个大学生，他们在上大学的时候组成一个信息创业团队。我问他们在大学四年里最骄傲的是什么，我没想到他们说，大学里边最骄傲的是他们认识了这些朋友。

这几点就是我今天想和大家来分享的，我相信想在大学四年里得到真正历练，第一个是要包容他人，第二个是交真正的朋友，第三是有真正的一技之长。

我的创业

我现在的名字不叫陈老师，也不叫陈总。我开始创业的时候，我对我自己说，陈向东你有什么优点，记住你的优点，因为它们都可能是你的缺点。于是我想过优势，比如说我以前有个大的办公室，后来我说创业的时候，不要办公室。我只是有一个办公桌，我和员工在一块儿工作。我是一个独生的孩子，我们家特别多独生的孩子，我们家在农村被称为传奇，是因为谁都没想到那么穷的一个山村里边，兄妹三个都上大学了。两个博士、一个硕士，真的是当地的一个奇迹。我觉得我父母真的很伟大，他们能够让我多读，但是一个农村的孩子到了北京，居然成中国世界上最大的教研上市公司的总裁，掌握所有的业务。对我而言，我做了新东方，做得那么好，然后我想我能不能放下来做创业，有时候我问我自己，陈向东你每次走进大学，跟大学生讲，人生要有梦想，要有勇气，要创业。你自己敢创一次业吗？放弃那么高大的位置。你想想一般人放弃那个位置该有多难呀，我记得我第一次跟我妈说的时候，我妈说不要啊。后来我发现，我当时担心，我说陈向东，你的前提是在新东方当这个执行总裁。然后你离开新东方，那些曾经和你很好的人，还会支持你吗？还会帮你吗？我没想到，帮助我的人那么那么多。以前的同学，我们觉得经过创业之后，那些不曾关心你的，都来帮助你。多少年后，都说陈向东，我们太敬佩你了，你敢放下那个位置，放下一切开始创业，你就是我们心中的英雄，然后说，陈向东你需要什么告诉我，我一定帮你。当时我就想到说，我没想到过去那么多年，你对别人好，最后你会收到最大的回报。所以我跟你们说，你对别人好是无条件的。不要急于回报，你对别人的好在他的点上，最终有一天都变成回报。跟谁学创业也很重要，我们希望找好老师，希望学习到改变世界的方式。我们对学生说，跟谁学就是一种生活方式。

中国宏观经济形势

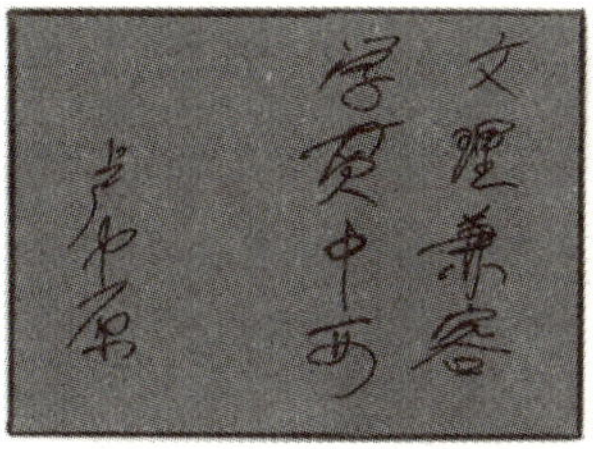

9

主讲人：卢中原

历史的风沙拂过，吹不尽蚀金的痕迹；岁月在墙皮上剥落，一个名字却在经济宏观调控的历史的光荣榜上愈发地熠熠生辉。光荣的共产党人，曾任国务院发展研究中心副主任，中国科学院国情研究中心学术委员和客座研究员。他，就是卢中原！

门外，繁华三千，他垂眉。屋内，淡雅寂静，他伏案。为中国社会主义的社会经济默默奉献自己的光辉；面对蓬勃发展经济带来的繁华，他却淡然云卷云舒，埋头研究。

国家体改委、中国社科院、国务院研究室、国家自然科学基金以及美国福特基金会资助的多项研究课题，他处处注入自己的心血。多年的努力也换回了专家的一致好评。

在 7 本专著、2 本合译英文专著、80 余篇公开发表论文和研究报告，在国务院研究室和其他部委内部刊物发表的调研报告 50 余篇，都留下了他辛勤研究的痕迹！

精彩掠影

1. 所谓物价上涨是因为票子多，毛不值钱，所以物价必须通过涨来反映币值的缩水。现在控制年初预定目标上，如果要超，是因为经济低迷的时候要刺激经济，现在要稳定。

2. 所以当初香港到北京，我给他们讲课、讲国情都告诉他们，你们搞战争在遇到这些金融危机，中央政府可以不出手救你们。

3. 因此，现在4万亿美元的外汇储备来源于什么，来源于一段时间的经常账户和资本账户的顺差，就是流入大于流出，资本吸引了很多外汇直接投资，经济实力越来越强，越来越多外国投资人到我们这里来投资。

4. 我个人觉得在开放条件下，和每个人关系越来越密切。第二部分着眼于中长期，中国经济转型到底怎么样，现在是一个起点，表现为四个方面。经济增长内需增强了，投资消费出口，三大需求之间的拉动作用驱于协调。

挑战人生，回报社会

10

主讲人：王刚义

王刚义，中国冰人，南极勇士，中韩两国民间文化交流友好使者，当代中国精神的杰出代表。

现任大连理工大学教授，吉林大学法学院、中国刑事警察学院兼职教授，原北京德恒律师事务所大连分所主任律师，大连仲裁委员会仲裁员，大连市生命科学院研究会理事长，辽宁师范大学附属中学名誉校长，大连市第三中学名誉校长，大连阳光溢鸿儿童村理事长。

他用火热的激情征服了冰川的寒冷，智利大冰湖、南极长城湾、泰坦尼克号沉没地和韩国汉江、日本的北海道，勇创五项吉尼斯世界纪录，他还在进行着人体低温水域生存极限及拓展的科学研究……当之无愧的“中国冰人”，永不落的民族魂！

他又用火一样的关爱温暖了流浪、孤独和濒临犯罪的冰冷角落。为了基层法律服务工作，他放弃了国际集团总裁的职务。他的爱心还在“儿童村”每一个被遗忘的心灵间停驻着——他现在是大连儿童村的村长，20 个特殊孤儿的老爸。

精彩掠影

个人的梦想必须和祖国的荣誉结合一起，才能够实现。

救助孩子挺难的，我的理念是多救一个就多救一个，早救一个就早救一个。

成名以后，你们怎么办？我没有答案。我已经选择了这个道路，我会坚定走下去。

学习成绩不好，努力就行了，但是做人不能马虎，不能打人，不能骂人，不能偷东西。

要让在社会流浪的人，变成有纪律的人。我们的第一个标准就是你必须成为一个“人”。

我们都将不再在这里
时光流逝了，

11

主讲人：徐茂

徐茂，一个大学生，一个青年，面对困境，他自强自立。
穷则独善其身，达则兼济天下，而不富裕的他却坚持资助着 18 名贫困学生。
他的精神和品质将他推向了道德的高峰。
国家级媒体的专题报道，党和国家领导人的勉励，欧盟会议上经久不息的掌声，
然而，面对众多的荣誉，他却不卑不亢，矢志做一个赤子，一直践行着自己的理想。
他早已将自己与社会、国家的命运紧紧绑在了一起。

精彩掠影

1. 对一个学生而言怎样过好四年，才算有意义呢？对一个学生来讲，首要的任务是学习，当学习做好了以后，你才有精力，才有其他的时间去做另外的事。当然我们强调的学习，

并不一定说一定要拿奖学金不可，而是有学习的态度。这个是给大家分享第一个，一定是要多学习。

2. 在那个现场，我第一次觉得把自己的命运和社会的命运联系在一起的时候，你会发现自己有价值，因为是更加地珍惜自己的生命。那个时候你会觉得，自己的路越走越远。

3. 今天成功的原因有二个：第一，就是你自己的准备；第二，因为你的背后是中华人民共和国。那个时候是我第一次觉得，一个年轻人，把自己的命运和整个国家的命运联系起来的时候，肩膀上除了有责任以外，更多的是荣光。

4. 当我不能改变的时候，关注就是一种责任，关注就是一种力量。

5. 在鲜花荣誉的背后，是无穷无尽的付出，而这个付出真的不是一般的人能够理解的。大学四年里面真的是那样，首先是确定自己的梦想，朝这个梦想坚定不懈地去努力，会有成功的可能，但是不能百分之百地成功。因为还有一个机遇的问题。

6. 一个人如果只是将自己的命运和自己相联系，这个人是不长久的人。再过三天就是爱国运动的纪念日，从我们中国近代的政治、经济、文化来讲，无一不是年轻人来运营。我们中国近代经济，就是 1840 年鸦片战争以后，我们的一些有识之士在反思，我们为什么会打败仗，我们除了军事力量不行，还有就是经济。我们要经济强国，学习洋人的先进东西。当时就有人说，我们要搞洋务运动，虽然洋务运动是用军法，但是他们当时的身份是年轻人。1895 年甲午战争以后，当时我们就说我们的政治体系也不行，我们要反思，他们的身份也是年轻人。中国近代的五四青年运动，爆发于北京大学。所以从中国近代政治、经济、文化来讲，青年人是走在最前面的，新一届的政治局常委参观复兴之路，习近平总主席对青年说了三句话："回首过去，雄关漫道真如铁；审视现在，人间正道正沧桑；展望未来，长风破浪会有时。"大家想想我们的过去是不是这样。而大家再来看看我们的现代，说最近两年发生的事。2008 年的汶川地震，再到后来的新中国成立 60 周年大庆、上海世博会、广州的大运会，大家看到走在前面的志愿者们，他们是什么？他们是青年，我记得在 2009 年的 10 月 1 日，我参加建国大庆的时候，在天安门观礼。我看到那个检阅军队，走在最前面的除了我们的三军仪仗队以外，第一个方阵就是我们的青年学院方阵，当时是大连健体学院的新入名的军人学院，解说员说不要小看这些年轻人，他们将是以后维护中国乃至世界和平的重要力量。大家看一下我们建团 90 周年的时候的一些讲话，可以看得出来年轻人是大有希望的一代，而且年轻人是能够有所作为的。道理很简单，年老的一代必须要退出这个历史的舞台，而年轻一代必须要承担起来。但是关键是我们年轻一代能不能承担起这样的一个担子。刚才讲到另外一个话题，叫信念，大一点就是信仰。

语言的功能与陷阱

12

主讲人：王蒙

他是中国当代作家、学者，文化部原部长、中国作家协会名誉主席，
他的笔下有长篇小说《青春万岁》《活动变人形》等近百部小说，
中国人民在前进道路上的坎坷历程被他的妙笔刻画，
他想念真正的文学，提供高端的精神果实，拷问平庸与自私，发展人的思维与感受能力，
丰富与提升情感，回答人生的种种疑难，激起巨大的精神波澜。
他是王蒙，当代著名作家。

语言，你的博大精深

语言是用来表达和交流的一个工具，语言是记载历史、记忆历史的一个工具，如果没有语言，这些历史传承不下来。语言是文化承载，而且对文化影响特别大。语言本身它有一种发展、构建和延伸的功能，语言是我们思维的一个凭借，尽管现在心理学家、生理学家、语义学家，对于有没有非语言的、潜语言的存在，在没有语言之前的就是潜语言，有没有这样的思维呢，有各种不同的说法。但是教育学家至少能提供一个情况，就是没有发达的语言系统，就没有发达的思维。如果一个孩子他在学习、说话、写字上非常地困难，那么他这个思维也是搞不清楚的，原因就是我们的很多思维是可以用语言来表达的。而语言本身呢，它有自己的特性，尤其是汉字，当它变成了一种思想的表达的时候，它变成一个一个的命题，变成一句一句的话，有主语、有谓语、有宾语、有定语、有状语。它运用的各种词汇，建立一个词汇又有很多类似的词汇，就是所谓内容相近的词汇。等等的这些东西都极大地发展人的思想，语言有发展的力量。

语言的无限可能

我给大家讲一个故事，上海的周武成（音）教授，当过毛泽东的老师，他给我讲过一个故事，说解放初期，中华人民共和国还没成立，但是已经解放了。周武成也就到中南海看望毛泽东，毛泽东当时处在一个比较兴奋的状态，见到周武成就说，我们搞这革命失败了那么多次，但是现在成功了，失败是成功之母。周武成说，但是成功也是失败之母。毛主席就问，“怎么讲呢？”周武成就说成功的人会骄傲，成功的革命者会腐化，因此成功也可能是失败之母。周武成这个老人很有意思，跟我说话时他已经90岁左右了，他一边说这话，一边忽然觉得自己说的话造词考虑不慎重，因为毛主席处在一个非常兴奋的情况下，你好像在那泼冷水一样，他说成功就会失败，就会腐化，这是一般人肯定接受不了的，但是毛主席是例外的。毛主席后来想了想，还很高兴，他说老师讲的对。

“失败是成功之母”这里面有三个元素，第一个元素是“失败”，第二个元素是“成功”，第三个元素是“母”。我们现在来做一个排列组合，会得出这么几种情况。第一，失败是成功之母，比如革命、科学实验，比如居里夫人的事例，比如很多发明，失败都是成功之母。第二，失败是失败之母。为什么失败是失败之母呢？因为失败之后你灰心了，或者你原来定的这个目标本身就是反科学的。你要做永动机，你用直尺和圆规三等分一个角还是一个线，这都是世界上三大不可能最简单的数学题，你本身定的就是错的目标，所以你永远只能失败。还有一个就是小败逐渐累积，你没有能够很好地接受这个教训，你莽撞，你不接受失败的教训使小败变成大败。第三种可能呢，成功是成功之母。集小胜为大胜，这个下棋比赛里面最明显。棋类比赛里面，它所谓得到的胜利一开始是非常微小的。比如说中国象棋，你用一个军拼了他一个军，谁都没有胜，谁都没有败，但是你拼完了以后呢，原来你是后手，现在变成先手了，你就取得了一点点胜利，有了这一点点胜利就很可能引起下边的胜利。集小胜为大胜。第四种可能，这个失败和这个胜利并没有关系，你射箭胜利了，不等于你摔跤能够胜利，你今年功课考好了，不等于明年功课你一定考得好。所以胜利、失败，需要个案处理，需要个案研究，不要以为你胜利一次你就永远胜利，也不要以为你失败一次就永远失败，所以胜利和失败只能个案处理。那么这样的话，我们从一个失败是成功之母就可以发展出对人生的许多东西的认识了，就是语言本身有发展的可能、有变化的可能。

所以有很多东西本身带有一种延展性。有很多哲学术语，没有语言就没有这种哲学观念。我常常说，大家所看到的东西，所有的经验都可以用两个字来表示，有限。什么都是有限的，财产是有限的、生命是有限的、地球是有限的、太阳是有限的，通信工程等每一个工程都是有限的，有时间的限制、有空间的限制、有功能的限制、有条件的限制。但是呢，我们构词的能力告诉我们，有了有限我们还可以构一个反义词叫作无限。语言帮助构建了一个词叫作无限，叫作无穷，叫作终极，叫作永恒。我们的经验只能够告诉我们短暂，或长一点或短一点，但也都是有限的，但是构词的能力使我们产生了无穷的概念、永恒的概念。所以有许多的哲学的，很多思想的发展的，是离不开语言的能力的。

语言文字是美的硬通货

接下来，我讲一下语言的审美的功能。语言，是美的硬通货。因为现在有这种话，说语言没有过去重要了，说我们进入了读图时代。因为读图是非常吸引人的，在各种信息媒介当中，最抽象的是语言。因为你声音一下子就可以听到：是一个乐音，还是一个噪音；是一个甜美的声音，还是一个高亢的声音；是一个尖厉的声音，还是一个圆润的声音。图画，当然视觉形象，它的美、它的丑，它的各个方面也给你一个冲击，舞台上的很多东西都会给你冲击。

语言和文字相对抽象，但是语言文字是美的硬通货是指什么呢？就是你那些视觉上的美感、听觉上的美感，乃至于是触觉上的美感，这些东西经过语言的解说和传达以后，你才放心。所以有人说这个交响乐我听不懂，让你给他讲讲这个交响乐大概是个什么情况，第一乐章表达一种生活，一种民间的欢乐，假设第二乐章表现梦幻和怀念，第三乐章就表现慌乱，第四乐章表现胜利。虽然他没有完全懂，但是听了以后，他觉得沾边，他就觉得他懂了。就是说你原来那个对音乐的直觉的感受，不管你感受得多好，如果你说不出来的话，就好比你拿着一个非常好的货币，但是这个货币在市场上不流通。所以你有了语言以后，你的各种美感才变得能够交流。

有很多语言本身就非常没有意义，我有时候看《红楼梦》常常想到一个话题，有一个和贾宝玉最相像的人就是薛蟠，公子哥受宠爱，喜欢异性。但是贾宝玉和薛蟠给人的印象是完全不同的，原因就是贾宝玉会写诗，他很文雅，他用的语言都非常文雅，而薛蟠用的语言属于恶搞型的语言，他是中国恶搞的祖师。这个薛蟠的语言也很发达，粗俗、下流、粗野、野蛮。那么贾宝玉虽然跟那么多女生黏黏糊糊的，但是贾宝玉你会觉得他还是一个很文雅的人，因为他没有用过那种粗野的、卑劣的、下流的、龌龊的、肮脏的语言，如果你带着肮脏的语言来进入爱情，你就不是一个有情人，你是一个虎狼。所以这个语言作用就是这么大。

有时候我还常常为阿Q感觉悲哀，遗憾不在于阿Q革命不成功，赵太爷不允许他革命，因为像阿Q这样的，一时不革命问题也不大，反正他也不会当反革命。我最遗憾，我最为之顿足痛心的，就是阿Q和吴妈情感关系没有搞成，吴妈小空窗，自己一个人很寂寞的，阿Q身体基本健康，而且没有什么劣迹。问题是阿Q就缺少语言方面的训练，他一见到吴妈就突然给吴妈跪下了，说我要跟你“睡觉”，这个语言太简单化了，这样的语言就像性骚扰。所以我就常常设想，如果阿Q语言程度好一点，他一见吴妈背诵一首徐志摩的诗：天空里一片云，偶尔投影在你的波心，你不必压抑，更无须欢喜，在转瞬间消灭了踪影。你我相遇在黑夜的海上，你有你的，我有我的方向，你记得也好，最好你忘记，在这交会时互放光亮。大家想一想，吴妈听了该多么高兴。吴妈呢，我们假设她比阿Q水平低一点，她不能够马上用另一首，那么至少她可以唱两句《月亮代表我的心》，这样的话，他们就成了。所以语言改变命运、语言决定爱情的成败。你不管是学工的也好、学理的也好，如果你们语言太差了，将来你们写情书都不及格，没人要。

政治上离不开语言

政治上离不开语言，尤其是在你没有掌权以前，你就是要靠你的语言来表达你的政治理想、表达你的纲领、表达你的政策、表达你的团结结盟的意愿，或者是促进、批评、转变对手的语言，或者是消灭对手视为政敌的意愿都是靠语言来表达的。语言的政治功能一个是激发的功能。到现在为止，我认为共产党宣言，除了它政治上的意义、国际共产主义运动历史上的意义，它的文学意义也非常高，它是最好的政治抒情散文的一个范本。共产党的语言功力也是了不得的，国民党是毫无办法的，由于共产党主张的是无产阶级在革命中失去的是锁链，得到的是全世界。在我少年时代看见这两句话以后，我浑身都发烧到40多度，这个失去的锁链，得到全世界，这活不干能干什么。

季米特洛夫是国际共产主义中的一个名人，他曾经担任过第三国际的主要领导人，他在德国被法西斯分子诬陷的国会纵火案被逮捕，在审讯的时候，他有一个最后的总结发言，现在变成了一个经典文献。他在那个总结发言里头，引用布鲁诺名言，布鲁诺和伽利略齐名，也是被罗马教廷给判处死刑的。他引用布鲁诺的名言，我们说地球在转动，你不准我们这么说，但是不说它在转动着，他就说这个社会的历史在转动着。然后他说无产阶级和资产阶级的较量就要开始了，在这样一个较量当中，不做铁锤就做铁针，铁针就是打铁底下挨打的那个铁疙瘩。还有一个捷克的年轻的我们爱不释手的人，写过一本书，是在监狱里写的，最后他被德国法西斯处以绞刑，所以他们都是被绞索套着脖子时候的报告。他叫伏契克，他结尾的话——人们我是爱你的——你们要警惕，这些话都是厉害得不得了。

当然实际上还有很多非常有名的，像林肯、小布什。小布什是耶鲁大学毕业的，他在耶鲁大学毕业的时候，得的是4分，就相当于甲乙丙丁是乙等，所以他去讲话的时候，有的人就拿着一个4在那挥舞。因为美国人如果要是领导来的，你不去嘲笑的话，不完全是美国人。然后小布什就讲，我想起来我在这上学的时候，那时候得 5 分的人，他们都成了大科学家、大发明家，那时候得 4 分的人，有的人像我已经当了美利坚合众国的总统，底下就一片掌声。和他一块去的副总统切尼，当过国防部长的那个切尼，他说那么如果得的是 3 分，也不要紧，可以当副总统。所以这个说话太厉害了，这个语言太厉害了。语言不但有激发动员的功能，也有折中、妥协的功能。有时候这个外交谈判，有时候一些政治派别的谈判，争来争去就争一个语言问题，就是你能不能找到一个词，这个词几方都能接受。如果一找到这个词了，这个战争就没有了，这个混乱就会得到哪怕是暂时的平息，你找不着这个词咱们就只能玩命。

我们就随便举几个例子。就《中美联合公报》说美利坚合众国承认中华人民共和国政府是中国的唯一合法政府，并承认的立场，即只有一个中国，台湾是中国的一部分。那么这也是双方都同意了的，在中文我们很能够接受，你看他两个承认，一个是承认是中华人民共和国是唯一合法政府，一个是承认台湾是中国的一部分。但是英文稿他坚持用两个词，这个承认是两个词，一个是 recognize，recognize 就是这是外交语的承认，他第二个承认是 acknowledge，它就可以解释成知道、得知、获悉，或者是被告知等这样的一些说法，实际这里头有含义。但是 acknowledge 也接受，我们中国的外交专家、英语专家也接受，他死活不能两个都是用 recognize，因为那个就是正式的承认。

包括中美撞机事件，我们要求他道歉，他不道歉，他说他始终没有正式道歉，因为在英文里头正式 apology，但是它是 deeply sorry，这个 sorry 它有难过的意思，从美国人来说我感到深深的难过，他说我没有道歉，我只是深深地难过。他们平常把 sorry 也算道歉，碰了一下 sorry，一句话说错了 sorry 也可以。所以它可以妥协，可以找到合适的词。所以我们要善于找到一些合适的词，尤其是当你要提点不同意见的时候，我也带点夸张地说，任何一件事都有 25 个表达的方法，只有一种是表达最好的方法。

那我再说一个比较好玩的，语言的政治作用中的遁解功能，它能够化解开政治上的相对比较尴尬、比较狼狈，或者比较凶险的状况。比如说在 20 世纪 60 年代，中苏发生大论战，中苏从最亲密的盟友变成了敌人，这对于国际共产主义运动是一个非常凶险的事件。但是毛主席说了些什么呢？他说这就是无可奈何花落去，似曾相识燕归来，他从古典的诗词上找到这么两句话。无可奈何花落去什么意思呢？你苏联修正努力了，你就好比落花一样，你这朵花，本来是世界革命的一朵奇葩，现在已经枯萎了，没有精神了，你就掉在地上了，跟尘土一起一道为伍了。无可奈何花落去，我想扶着你我也扶不起来。似曾相识燕归来，燕是中国，但是世界革命并没有因为你这朵花的枯萎而变得枯萎。为什么？中国又来了，中国现在挑起了国际共产主义运动的大梁。一个无可奈何花落去，似曾相识燕归来，这对中苏矛盾的解释作用是很有限的，到现在为止，我没有看过世界上有哪个人，包括中国的历史专家用这两句话来解释中苏之间的矛盾。但是这话你听了以后有一种宿命感，说无可奈何花落去，那怎么办，你又不能让它老不落。“人无千日好，花无十日红”我们中国说，你顶多也就是红十天，第十一天蔫了。你蔫了，该我了，该我上了。

它还有一种历史的变动，历史就是这样，你兴起了我衰落了，我兴起了你衰落了。他这么一说，把这个话说得容易接受一点。更明显的是林彪事件，林彪出逃驾着三叉戟飞机，摔死在温都尔汗。到了毛泽东这，他说，天要下雨，鸟要飞，娘要嫁人，随他去吧。实际上这个事对毛主席心情上，或者至少对中国的至少“文革”来说，是一大打击，但是毛主席说话显出了一种轻松，显示出了一种愉快，甚至还显出了一种幽默，就琢磨着娘要嫁人，因为中国旧社会娘是不能随便嫁人的，你已经是娘了，说明已经嫁过人了。所以他还有点幽默。毛泽东主席在引用说的折戟沉沙铁未销，说杜牧的诗里头已经说过三叉戟要沉在沙漠上。尽管他是这样一些玩笑的话语，但是这样把异常尖锐、非常凶险的事件变得轻松一点。

乔治·布什在发动伊拉克战争期间，当时国防部长是拉姆斯菲尔德，他在回答记者的提问的时候，记者问说你们发动伊拉克战争是因为你们说它掌握了大规模杀伤性武器，现在你们已经把整个伊拉克占领了，那么这个大规模的杀伤性武器在什么地方。拉姆斯菲尔德就讲了一大段的话，那么大家看一下。他说有些东西并没有发生，他指的就是没有发现大规模武器，这个事对我来说也很有意思，这已经在那不负责任。所以叫对你很有意思，你杀那么多人，扔那么多炸弹对伊拉克也很有意思吗。太棒了这个，这个完全是绕口令，我曾经用文言文把它翻译成中文，大概的意思就是“吾知汝所知，吾亦知吾知某些吾未知者，亦既吾知部分吾未知者，吾不知吾未知者，吾知我未不知者。”就是说他的意思我也明白，他说因为我们当时打伊拉克，我们是根据我们认为我们知道，但是实际上我们知道的有些是我们所不知道的，实际上我们真是不知道我们那个所不知道的，既然我们不知道我们所不知道的，我们就只能够用我们不知道来决定我们所不知道的后果，这样一种不知道的。所以我们的结论就是说我们固然知道了很多我们知道的，但是实际我们仍然不知道我们所不知道的。他这是很狡猾的，他实际上把这个国际政治的问题，变成一个认识论的问题。就是知和不知在这一点上最有趣味。所以孔子的名言也是，“知之为知之，不知为不知，是知也。”老子的名言是什么呢，也是说你知道自己不知道的，这就是聪明，你不知道自己所不知道的，是说明你有毛病，你不承认自己有不知道的，这就是愚蠢。所以这个拉姆斯菲尔德他也是利用语言的游戏，起到政治的遁解的功能。

政治上的煽动功能，我举一个奥巴马的例子。因为中国有一套说法：“心正而后意诚，意诚而后身修，身修而后家齐，家齐而后国治，国治而后天下平。”而且美国最有名的汉学家费正清博士，他说从一个人的心术正不正就能推到平天下，这根本不合乎逻辑。但是奥巴马在参选的时候，他宣传的是什么。他也是忽略，他真来了劲，他也忽略。这遁解我也看到过，我那时在香港，美国总统老布什他在竞选的时候说，你们请注意我的口形，我说 no，no，no，我们不加税，我上台以后绝对不加税，他说了三次，而且让人注意他的口形。然后他上台三个月就开始加税，然后他说我说不加税的时候，是根据当时的情况，当时的情况我是真的不想加税，他还没当总统他上哪加税去。我现在我说要加税是根据现在的情况，现在需要加税就一定要加税。所以政治家的口才也是好，招数确实多，语言起的作用太大。

语言的心理调节的功能

语言能影响人的情绪，影响人的心理，影响人的心理的健康。20 世纪 80 年代的时候，我很喜欢美国的一个短篇小说家——约翰契弗，他死了以后，苏珊契弗写过一本回忆录。她说在我小的时候，我爸爸告诉我，遇到什么不高兴的事，跪下祈祷一下。再后来我再大一点的时候，我爸爸告诉我，你遇到什么不高兴的事，你就把它写出来，现在我爸爸死了，我非常地痛苦，我要把我对我的爸爸的记忆写出来。她写出来以后，心里有一种舒缓，有一种疏解。契诃夫有一篇短篇小说叫作《苦恼》，就是写一个赶车人，他儿子死了，他那个赶车就跟咱们的的士一样，也是一招手他停下来，走多远给你钱。他就跟这个坐车人说："老爷我太倒霉，我儿子死了。"那个坐车的人就很讨厌，"去！少跟我说这个事，我不管你这事！"可能一天就没有人跟他说话。然后晚上他就摸着这个老马说："老马你知道吗，我儿子死了，我太可怜了，我给治了好久了，花了好多钱，到处跑医生，结果他还是死了。"后来说结果这个马很感动，抖一抖脖子，而且几乎要落泪的样子，他就得到了很大的安慰。这证明一个人有什么心情，有什么话能够说出来，对心理健康有很大的好处。

有一些心理咨询医生，其实他就是靠说一些话，某些话是真的能够把一个人的变态的、不健康的、属于隐痛型的那些东西给他释放出来，使他得到健康，这是语言的心理调节作用。再说一下语言的哲学和神学的作用。所有的宗教几乎差不多都有自己的经典。佛教有佛经，基督教有圣经，伊斯兰教有可兰经，而且这些经典语言都非常讲究，也有非常高的文学的价值。祈祷其实就是对特定的语言给它一个神圣的意义，使你和主有所交流。另外，还有一种宗教，尤其是佛教还有一些特定的字、特定的一些词，赋予神学意义，比如说南无阿弥陀佛，在西藏那边，还有在日本的创家学会，他经常说的不是南无阿弥陀佛，而是哦吗咪扭（音）这么一个词。就是他有一些特定的语言，有一种被认为有一种超人间的作用。比如说道教画符，是把汉字再加以发展，这个道教的画符跟汉字有密切关系。过去有的人家里人，石头说写着太公在此诸神退位。太公指的是姜太公，姜子牙。也有的石头上写的是泰山石敢当，认为这些都有避邪、战胜妖魔鬼怪的作用。

我认为一些写作和热爱文学的人，有的他们不是某个特定宗教的信徒，但是他们说文学就是他们的宗教，文学就是他们的崇拜，因为他从文学的一些语言里，得到了你在平常的交谈当中、说话当中、上课当中、看微博、看微信当中得不到的语言，那种语言使你的精神层次大大地提高，使你从痛苦转为豁达、从灰心丧气变得有所依托，自己觉得心有地方放了。所以如果说语言可以有神学的作用、有哲学的作用、有安慰的作用，我想这都是事实的。

我们还可以研究一下说老子一上来就讲道可道，非常道。他把这个道看成世界的根本，它既是世界的源头，它又是世界的归属，因为不管你是活是死，都是按照一定的一个规律也好，是真理也好，是道理也好，是一个抽象的东西，是一个实际的存在也好。

《道德经》上说：“道之为物，惟恍惟惚。”他说道是一个东西，这个东西恍恍惚惚，你也抓不着，你也摸不透，但是它是世界的根本，是世界的究竟，是世界的到底。那就道一个字，就是一个概念神，因为神不见得是人格神，这个人格神他给宗教带来许多麻烦。比如说你们看米兰昆德拉的书，他就写这个，他说欧洲的神学界，曾经用了一二百年的时间来争论一个问题，就是耶稣进不进洗手间。因为这个问题你不好解释，如果他是神，他不应该进洗手间，他如果是人，那么他怎么又是上帝的儿子呢，所以你这个就是非常难讨论的一件事情。但是中国的这种准宗教的崇拜，它是对一个概念的崇拜，就是大道。所以孔子也说道就是最高的价值、最高的存在、最高的根源。

语言的概括能力

有时候语言的概括能力，帮助我们中华民族创造一种概念崇拜，对那种最高级的概念，可以是道，可以是人，可以是意，这些概念都有一种超人间的、至高无上的形式。那么语言还有一种作用，说它成为一种密码，它除了语言本身的意义以外，它背后还有更稀奇古怪的意义，就这个语言它背后能不能成为另外的一种含义，古今中外，这是一个非常诱人的思维的念头，一个想法。就是说中国有人认为《红楼梦》就是一个充满了密码的书，说《红楼梦》里有很多含义，这含义作者都没告诉你。比如说袭人，袭人指的是顺治皇帝，因为袭人你要是把她分解开来，她是龙衣的人，是穿着龙袍的人，穿着龙袍的人只能是顺治皇帝。还有的说贾宝玉是顺治皇帝。为什么贾宝玉是顺治皇帝呢？因为只能皇帝才是一个男的，能被那么多美女所包围，想起来怪恐怖的，那么多人都追着他，都喜欢他。说贾宝玉喜欢吃胭脂，这怎么证明呢，说皇帝有玉玺，这个玉玺要盖在印泥上，胭脂鲜红的代表着印泥。还有各种稀奇古怪的解释。

语言是对人类的统治

这个西方有一些学者研究了一个问题，思维很有趣，他说语言会使一个人的个性丧失，变成对人类的统治，因为你做什么事都有现成的语言在那等着你。比如说考国务院成功了，你马上就会想到金榜题名时，这有现成的语言在等着你。比如说你们在座的如果有哪个同学不是四川人考到这来的，在这过节日，每逢佳节倍思亲，它给你这个思想已经规定好了程式，你反倒没有自己的感情、自己的思想。这个语言的好处就在于你原来那种感觉你无法表达，你有了语言以后，你就立即有了表达的能力，他的毛病就在于你一旦有了表达能力以后，你离开这个语言寸步难行了，你说不出了。

我此生第一本读的书——《小学生模范作文选》，第一篇文章是《月》，第一句话——皎洁的月儿升起在天空。我非常激动，为什么呢？因为那个时候我看着月亮我有点感觉，我这有点文学性的感觉，我一看月亮挺亮也不像太阳那么亮，那个时候北京也没什么雾霾，所以看月亮非常亮，这是一种什么月亮我不知道。后来我一看皎洁的月儿，这是什么，皎洁。这样子我这人明白了，不管什么时候我一抬头一看，皎洁，帮助我命名了，给月亮命名了。但是我一辈子就停留在皎洁上，我小说就别写了，我这作家别当了，咱就混不上这作家的名称了，你就会说皎洁。

现在再回过头来，每一个人在感情的生活当中，都会很敏锐，都会感情非常地丰富，但是如果你的语言都是老一套的，你写一封情书，人家一看网上抄的，根本就不是你的真情实感，千篇一律，语言造成的这种情况非常多。语言反过来统治了你思想、限制了你的个性，你的这个比较不同的想法是没有的。所以就是说你既要精通语言、学习语言、掌握语言，又要把语言能够甩开，能够有自己独到的，能把你的真正的人生的体会、情感、思想、感觉与众不同的个性化语言说出来，这可就了不得了。还有其他许多的被语言统治的事情。比如说我们有一些就是被语言所激怒，或者被语言所限制，或者被语言所统治的现象。

语言腐败与语言荒谬化的诱惑

语言是可以腐败的。什么叫语言腐败？假大空的语言就是一种腐败的语言，你如果不是一个腐败的人，你不应该说那么多的假大空的语言、你自己都不相信的语言、你自己都做不到的语言，你整天在那说，你这不是腐败是什么。你自己不负任何的责任，不准备有任何的针对性，你也不准备为你所提倡的这样一个理念来做出实际的努力，乃至于付出代价，那么这就是腐败的原因。套话也是一种腐败的语言，就是你说的不是你自己的话。

党的十八大以来，中央的很多领导强调开会的时候，与会的人不可以念稿，我很赞成。当然有一些特殊的情况，像政府工作报告、党的工作报告，一下子报告三个半小时、四个小时，他再没稿，像我这么说话绝对不行，他得念，但是很多的情况下不能念稿。套话已经搞到相当严重的程度了，我参加过小学的开学典礼，很天真可爱的小学生，11岁、10岁上去一念，“各位领导”、“各位老师”、“圆满成功”……词全都是一样的，千篇一律的，一点真情都没有，而且声音都变成朗诵腔。

语言的病魔多，比如说有些网上的出口成“脏”，比如说两个人一争论就一定要用辱骂的，变态，恨不得咬人，老想咬别人一口。所以这个语言本身带来了很多坏的东西，欺骗、虚伪、讹诈、暴力、以势压人，还有荒谬。荒谬有诱惑性，荒谬的诱惑性有时候会超过真理，因为真理太普通了，真理太简单了，为什么有些荒谬的东西，一时也可以得到很多人的认同呢？就在于语言的“黄色”也是一种诱惑。真理有的时候是在地上，荒谬呢，是生活在天空的，而且风筝那一线已经剪断了，爱怎么飞怎么飞。所以我们面对种种的语言的想象的时候，还要有自己的选择和判断。

从地理大发现看中西文化的差异

13

主讲人：赵林

他是武汉大学学生最喜爱的老师之一，是学生心中的“明星”。
他探寻西方文化，研究西方哲学，在历史背景下寻找中西方文化差异。
学校流传着这样一句话：“四年上学期间没听过赵林老师的课，就等于没上武汉大学。”
还有人这样评价他：“一副文者不羁的大将之风，说话如行云流水，娓娓道来。”

精彩语录

1. 落后的西方通过海洋这条宽阔的道路，在后来的几百年里，完成了 3000 年来这些草原帝国未尽的雄心大志，也从此拉开了一个全球殖民化时代的序幕。
2. 谁控制了海洋，谁就成为未来 500 年世界历史的主角。

旧大陆的“三分天下”格局

今天我们讲一个现代的开端，它影响了我们今天的现代生活，影响了当今的整个世界的国际格局，它让我们从地理大发现来看中西文化的差异。

20 世纪，美国著名的历史学家斯塔夫里阿诺斯（Leften Stavros Stavrianos）写了一部很著名的著作《全球通史》，这部书已被翻译成中文，是一本很畅销的书。《全球通史》分为上下两部，上部叫作《1500 年以前的世界》，下部叫《1500 年以后的世界》。按照西方人的观点，十五六世纪是人类历史上最重要的分水岭。

我们所说的现代和古代，或者中世纪的一个分界线，也就是从这个时候开始。斯塔夫里阿诺斯一开始以非常风趣非常诙谐的口吻说，1500 年前，如果在火星上或者月球上，有一个观察者，他观察到的大陆世界一定是“三分天下”的格局。未来世界的领导权，如果不是属于东方的大明朝，就是属于非常强盛的伊斯兰教士。但怎么也没有想到，未来几百年的世界，居然会让这个地处西域、西边边陲之地，又贫穷又愚昧又落后的西方世界独立起来了。

从最早的四大文明古国开始，一直到十五六世纪，整个人类的文明主要甚至完全就在旧大陆。新大陆固然也有着自生自灭的玛雅文明，但是这些文明没有产生实质的影响，只是昙花一现，并没有在人类的历史上留下什么痕迹。广义上的旧大陆指亚欧大陆、地中海南边，还有北非。

1500 年的旧大陆是“三分天下”的格局，分为三个世界，西边是广义的基督教世界，东边是强大的明朝，处于东西之间的是伊斯兰世界。西边的基督教世界又可以分为两个世界，一个是西欧的天主教世界，一个是东欧的东正教世界。东边的明朝非常强大。朱元璋起兵以后，打败了蒙古人，推翻了蒙古人建立的元朝，又恢复了汉人统治，恢复了汉人科举制度，恢复了儒家文化的地位。继经济非常繁荣的宋朝之后，宋朝进一步把中国的经济和文化推向了顶峰。在东西方世界之间，还有一个广大的伊斯兰教世界，从中亚开始，中亚、西亚、北非，甚至东欧，都处在伊斯兰教的统治之下。伊斯兰教世界有三个帝国，首先是奥斯曼帝国，包括今天的土耳其、阿拉伯，以及西亚、北非、东欧地区，还有中亚的沙特王朝，今天伊朗的前身，最后还有印度。

十五六世纪的“三分天下”确实会让人认为未来的世界，不是属于当时政治经济文化非常繁荣昌盛的大明朝，就是属于在军事上咄咄逼人，对西方采取攻势，把君士坦丁堡攻下来的伊斯兰教士。因为当时的西方是封建社会，彼此分离隔绝，处在一种落后贫穷、愚昧黑暗的状况中。但后来西方却异军突起，这要得益于航海之路的探索、海洋军队的崛起。

同一年，两件历史事件

1405年，在整个旧大陆世界发生了两件非常重要的事情。当时影响不大，事后我们反观，却发现这两件事情完全可能改变整个隔离时期。

第一件事，一位叫铁木尔的突厥人在中亚建立了一个王国，叫铁木尔帝国，带有一种草原帝国色彩，首都是撒马尔罕城，是今天中亚最古老的城市之一。在铁木尔之前，成吉思汗曾集结他的子孙们金戈铁马横扫了整个欧亚大陆，最后建立了四个汗国和一个元朝，四个汗国是伊儿汗国、窝阔台汗国、察合台汗国和钦察汗国，分布在西亚、中亚和俄罗斯等地方。成吉思汗在中国建立了元朝，所以当时从中国，一直到整个西亚、小亚，都属于蒙古人。但这四大汗国纷纷都是一两百年就开始瓦解了，同样元朝也瓦解了。而在他们瓦解后，作为成吉思汗的女婿的后裔，铁木尔异军突起，又建立起一个强大的帝国，就是铁木尔帝国。当时的铁木尔帝国非常强大，占领了整个东亚和西亚，打败了土耳其人，甚至还打败了当时锋芒正盛的奥斯曼帝国，并俘虏了奥斯曼帝国的皇帝。

在铁木尔执政晚期，他已经成功征服了整个中亚、中亚，此时他突发奇想想征服中国。所以1405年，他带着20万大军，开始向东行进。但在行军途中，年近七旬的铁木尔因经不起劳顿而死在途中，当时这支军队还未进入中国西北的边境。因为它是半草原的帝国，完全靠领袖的魅力来控制这个国家，铁木尔一死，他的帝国马上就瓦解了，也正因为这样当时的中国才免遭一次浩劫。所以有人说，如果不是铁木尔突然去世，那么很可能中国大明朝会遭到一个飞来横祸。这就是1405年发生的一件事情，铁木尔之死。那么铁木尔之死有什么意义呢？其意义在于在此前的3000年中，游牧民族企图通过金戈铁马，席卷整个欧亚大陆，建立一个统一的草原帝国，或者建立一个统一的陆地帝国的梦想随着1405年铁木尔帝国的崩溃画上了句号。这件历史事件意味着一个时代的结束，一个多民族入侵的时代结束了。

第二件事，郑和下西洋。郑和是明朝里的三宝太监，1405 年，受到永乐皇帝的指示下西洋，其目的一是宣扬大明朝的富裕，二是为宫廷获取一些奇珍异宝，供宫廷享受，三是想要寻找失踪的建文帝。但没想到的是，继郑和下西洋以后，西方人开始大规模的航海活动，从此一个海洋的时代就到来了。郑和下西洋无意中揭开了一个新时代的序幕，意味着从此人类征服世界的梦想，从陆地转向海洋。谁控制了海洋，谁就成为未来 500 年世界历史的主角。落后的西方通过海洋这条宽阔的道路，在后来的几百年里，完成了 3000 年来这些草原帝国未尽的雄心大志，也从此拉开了一个全球殖民化时代的序幕。

虽然郑和下西洋得到了永乐皇帝的大力支持，但随着永乐皇帝的驾崩和郑和的去世，郑和下西洋就此结束了。自古以来认为国家最大的威胁永远是周边少数民族，而不是海洋，再加上明朝时期东南海沿海一带走私严重，贩私盐，为了制止这一现象，明朝下发了禁海令，不允许百姓下海经商，从此中国国门紧闭。

与此同时的西方却呈现了另外一番景象。15 世纪，葡萄牙亨利王子非常热爱航海，在 1420 年前后，开始建立了航海学校，发展航海技术，目的是为了夺取直布罗陀海峡另一边的摩洛哥。在亨利王子的支持之下，就开始向南方进发。与此同时，意大利正开始着文艺复兴，认为地球是圆的，这一观点否定了以前认为地球是平坦的观点，打破了认为出海就可能掉进万丈深渊的假说，还有马可·波罗的游记把东方描绘成遍地黄金、富庶繁荣的乐土，引起了西方到东方寻找黄金的热潮。因此，西方人就希望到富饶的东方来发财。

谁控制了海洋，谁就赢得了世界

为了开辟新航路，1487 年至 1488 年，葡萄牙著名航海家迪亚士顺着葡萄牙终于穿过了佛得角海域，继续顺着这条路，穿过非洲，最后到达了好望角。1497 年至 1498 年，葡萄牙另一位航海家达·伽马顺着迪亚士的路线到达好望角，然后绕过好望角来到了非洲东海，一路走，穿过红海，最后到达印度，并在印度建立了第一个贸易据点，占领了第一块殖民地。

紧接着有人继续达·伽马的路线，往前走，穿过了马六甲海峡，就跟郑和相反的路线，最后到达了澳门，澳门又变成了他们的第二个殖民贸易据点。当时葡萄牙人称要找一个地方晒船上的货，于是当时就把澳门租借给他们。直到 1849 年鸦片战争结束后，葡萄牙人趁火打劫，把澳门割据了。葡萄牙人到东方是为了获得香料，印度盛产香料，于是他们就控制了印度，把印度的香料运回葡萄牙，再用高价转手卖给欧洲各国，贱买贵卖。葡萄牙不仅占据了印度，南亚、东南亚也同样置于葡萄牙的控制中，最后葡萄牙还发现了巴西，并将巴西变成了他们的殖民地。巴西盛产甘蔗，甘蔗可以产糖，而糖在欧洲属于奢侈品，所以葡萄牙又控制了蔗糖在欧洲的转手买卖。当时葡萄牙被称为两个帝国，一个是香料帝国，一个是蔗糖帝国。

葡萄牙人开辟了一条新航线，往南绕过好望角，最后到达印度和中国。但西班牙另辟蹊径，选择往西开辟新航路。1492 年，哥伦布受托于西班牙的女王，带着一支舰队开始航行，最后漂到了中美洲，但哥伦布却认为自己到了印度，于是他们把这个地方称为西印度群岛，把当地的人称为印第安人。

无论是葡萄牙还是西班牙，他们的航海活动都有两个目的，一个目的是到东方发财，认为东方遍地都是财富，葡萄牙人找到了香料，找到了蔗糖。还有一个目的是为了宣传宗教。当时西方人认为世界上只有两种人——基督徒和伊斯徒。他们认为在东方生活了一些早年从欧洲走出去的基督徒，想建立一个前后夹击伊斯兰教的统一战线。所以哥伦布到了美洲以后，他大失所望，因为他看到的是一群野蛮人——印第安人。接着又有人穿过巴拿马海峡，发现了太平洋。随着航海活动的进一步进行，中美洲以及南美洲最终都成为西班牙和葡萄牙的殖民地。西班牙控制南美洲以后，很快就在智利、阿根廷发现了巨大的银矿，西班牙变得很富裕，成为欧洲最强大的国家。

但 17 世纪后，西北欧新兴的资本主义国家开始崛起，如英国、荷兰以及法国。它们也开始到海外建立殖民地，尤其是英国，但它跟西班牙、葡萄牙不一样，葡萄牙和西班牙是控制原料基地，然后把它转手买卖，这是前资本主义的一种经营方式。但是英国不一样，它要寻找的是市场，资本主义式的一种商业模式——以卖为主，而不是以买为主。最后英国到达北美洲，北美变成了它们的殖民地。

葡萄牙人在向东方航行的时候，把非洲的东西海岸线和南非控制了，这个地方有好望角，所以葡萄牙人首先占领了南非，然后控制了非洲的东西海岸线。那个时候非洲完全没有抵抗能力，非洲是蛮荒之地。非洲分为两部分，撒哈拉大沙漠以北的非洲是很富足的地方，是文明所在地，有埃及、阿尔及利亚、摩洛哥、突尼斯、利比亚等。但撒哈拉以南的非洲是黑非洲，基本上未被开垦过。因此当时葡萄牙人顺着非洲的海岸线，只是控制了非洲海岸线的地方，并没有往里深入，因为都是蛮荒之地。

后来南非又被荷兰从葡萄牙人手里夺走，再往后英国人又打败荷兰，又把南非变成英国的殖民地，所以后来南非是从英国殖民地下独立出来的。

撒哈拉大沙漠以南的非洲都是黑人，葡萄牙人把黑人带回家，当作奴隶。当英国、荷兰等新兴资本主义国家崛起以后，打败了西班牙的舰队，重挫了葡萄牙的海上力量。葡萄牙为了发展经济，开始贩卖黑人。他们把黑人贩卖给南美洲的西班牙人，然后西班牙人再通过中美洲，最后卖给英属的北美洲、法属的北美洲、荷属的北美洲。黑人就源源不断地从非洲运到了美洲。所以今天我们在美洲看到很多黑人，最早都是从非洲运过来的。原来美洲这个大陆上是没有黑人的，只有印第安人。美国有两本很著名的小说，一本叫《根》，一本叫《汤姆叔叔的小屋》，这都是黑人的血泪史。当时葡萄牙人最先贩卖黑人，紧接着英国人和荷兰人就纷纷效仿。在 100 多年里，有 1800 万的黑人被卖到了美洲。

16 世纪，自西班牙的航海者哥伦布以后，到了 16 世纪初的时候，有一个著名的航海家麦哲伦，麦哲伦进行了一次航海环球航行。他从西班牙出发，穿过佛得角，顺着巴西的海岸线，一直往南走，到达一个海峡，后来被命名为麦哲伦海峡，穿过该海峡就进入太平洋，然后顺着太平洋往西，接着到了菲律宾群岛，后来到了摩鹿加群岛、菲律宾群岛，麦哲伦与当地的黑人打了一仗，结果麦哲伦被打死了。然后剩下的人绕过好望角，最后又回到了西班牙。从 1521 年到 1522 年，一共用了两年多的时间，终于在海上把世界走通了，原来世界果然在水域上是连在一块的。当时麦哲伦出海时有 5 艘船、250 个水手，最后回去只剩下 1 艘船、18 个人，大部分人都在路上死了。如果当年郑和晚 50 年出海的话，在太平洋或者在印度洋上碰到这些葡萄牙人，肯定会吓死葡萄牙人的。我们有 27 800 人，3 艘航空母舰。很可惜呀，从 1433 年开始下西洋到郑和最后一次死在外面，明宣宗宣布停办海外采买，停造远洋船只。但半个世纪以后，西方人却开始大规模下海，先是控制了南北美洲、非洲海岸线，然后就开始向亚洲，向东南亚进发。最后到西方工业化时期，工业革命以后，新兴的资本主义世界开始崛起。

18 世纪末，拿破仑率先带军队在叙利亚和埃及登陆，接着资本家们又来到印度，反抗伊斯兰教徒，帮助印度的地主们反抗，推翻了莫卧儿王朝，英国顺手就把印度变成了它的殖民地。然后紧接着就开始向阿拉伯世界蚕食，到了 19 世纪，英国、法国、意大利，把西亚、北非、中亚等地都变成了他们的殖民地。俄罗斯也打败了土耳其人，把东欧夺回来。到了 1840 年，鸦片战争爆发，中国开始沦为半殖民地。此时的世界基本上就被瓜分完了，除了南极洲、北极洲以外。18 世纪布洛克船长顺着大洋洲走了一圈，画了地图，后来这个地方就成了英国人流放犯人的地方。过去那个地方没有人居住，那个地方只有袋鼠，所以就把它变成了流放犯人的地方，从此澳大利亚、新西兰就发展起来了。

我们看看在这几百年里，整个西方成功统治了整个世界，整个世界都被纳入西方的殖民体系当中。一直到 20 世纪第二次世界大战以后，殖民体系才逐渐瓦解，才形成了今天的格局。所以从这个意义上来说，当年中国的明宣宗没有远见，当然那个时候，没有人有这种视野，因为那个时候也不知道世界是怎样的，谁也不知道这个世界会变成这样。如果当年郑和下西洋没有被叫停，而是继续顺着非洲东海岸往南走，绕过好望角，顺着非洲西海岸往北走，最后发现了欧洲。如果是这样的话，世界的格局肯定就不一样了。

我们拱手把走向海洋的权利让出来了，把国门关闭，这一关就关了整整 400 年。1433 年关上国门，到 1840 年被迫打开，这个时候出现到我们国民面前的，就不是像马可·波罗那样毕恭毕敬的朝圣者，而是西方帝国主义殖民统治者，紧接着中国就开始一步一步地沦为半殖民地。所以我们从这里可以吸取很多很多历史教训，当然我们今天开始也走向海洋了，我们现在越来越开始强调我们要走向海洋。当然这个时代，仍然属于海洋时代。所以 20 世纪英国最伟大的历史学家汤因比和美国斯塔夫里阿诺斯都说过同样的话，他们说，几千年来，那些草原的民族，在陆地上未竟的事业，却被西方这些奇怪的海生生物通过宽阔的海洋完成了。

当奥斯曼帝国、土耳其人知道葡萄牙、西班牙开始进行航海活动时，他们是非常不屑的。当时土耳其人说，真主把大陆给了我们，那海洋就给他们基督徒吧。海洋有什么呀，海洋又不能长粮食，又不能快马奔驰。结果没想到，谁在 1500 年前后走向了海洋，控制了海洋，谁就掌握了未来几百年世界的命脉。正是这样，所以我觉得这是一个非常非常发人深省的教训。

隋唐兴衰话人才

14

主讲人：韩昇

他是著名历史学家韩国磐先生之子，他的童年阅读就从《史记》《三国演义》开始，从此以历史书作乐、以古书怡情；

他曾负笈东瀛，背着睡袋、相机和干粮，自由行走于日本，潜心专研日本文学，但他却毫不犹豫放弃前景大好的外文系而选择市场萧条的历史系，只因为他真正爱历史；

他用全部的生命去和历史对接，认为一切历史都是当代史，一切历史都是思想史；

他就是《百家讲坛》的主讲人韩昇教授，主讲《安史之乱》和《唐太宗风云录》，以隋唐的兴衰来认识现在的我们。

精彩语录

1. 这个世界从来不缺人，只缺尽心尽力的人。
2. 请用自己的全部生命去做好你喜欢的、你想要做的事情。
3. 历史是最好的老师，聪明人都读历史，比读任何书都好，因为历史是已经发生过的事，是已经证明过的事，今天想到所有的点子历史都发生过，结果都清楚。

隋唐的兴衰

隋朝在中国历史上是少见的强大王朝，两代皇帝励精图治、兢兢业业。隋文帝打江南轻而易举，然后统一中国。统一中国以后，国力蒸蒸日上，经济力量、军事力量唐朝用一百年的时间都赶不上，但最终却走向了灭亡。

隋炀帝和隋文帝在位时的政绩是唐朝几代皇帝都比不上的，最主要的政绩要数大运河的修建。大运河大家都知道，它是怎么延伸的？从杭州通长江到扬州，通淮河到洛阳市，东西走向到洛阳，再从洛阳往北开通黄河，到达今天的北京，它统一了中国，它畅通了全国的道路。今天所见到的南北大运河是沿海的直线，而隋朝的大运河是一个Z字形，这个Z字形长达2700公里，河宽20米，深2米，2700公里乘以20米，乘以2米，如果利用现代机械化的工程也至少要五六年，南水北调现在都还没有挖通。可是隋朝修建这条运河总共只花了6年，基于刚才的计算，可以算出来一个人挑了多少土，连续挑6年要用多少人力，其结果是难以想象的，简单计算出当时国家工程动用了3000万人。

隋朝统治中国的时候有多少人呢？2000万，达到人口顶峰的时候是6000万，也就是2000万到6000万人口增长期间，国家动用了3000万人。即使我们把隋朝人口按照6000万人来算，把老人妇女小孩去掉，最多还有1500万男士，1500万人被动用3000万人次。所以，隋朝为什么会灭亡，问题就出在这里了，大量地动用劳动力，大规模兴建国家工程。

国家工程要做什么？这个国家工程好不好？从历史经验来看，由国家牵头来兴建很多大型工程，不一定是好事。因为第一国家工程成本概念很差，国家投资不计成本，回报率很低，而且还低效率。第二动用的民力很大，这个工程到底好还是不好，我认为就工程本身无所谓好坏，但是老百姓能不能承受这个工程是衡量的最大的标准。如果老百姓不能承受，这个工程就不好。隋朝做了这么大型的工程，目的是想让国家无比强大，但是老百姓无比贫穷，贫穷到最后38年起来反抗，你似乎看到眼前一座高楼轰然倒塌的场景，非常惨痛。因为国家工程伤害到了本。

我们再看隋朝另外一方面，隋朝这个王朝的力量非常强大，国家喜欢通过行政命令来做事。隋朝所有的税收上来都是粮食，粮食收了以后，都运大京城去，支撑起全世界最大的首都长安。唐朝立国以后，唐太宗想知道国家的财产，于是派大臣去清点一下家产，报上来的数字是隋朝留下来的财产还够他们用五六十年。仓库里的粮食哪里来的，不是从天下掉下来的，是老百姓交的粮税，所以为什么老百姓会造反，因为他们穷到一穷二白了。国家强行控制资源，造成社会最大的动乱。隋朝末年，隋炀帝当政，战火四起，民不聊生，百姓揭竿而起，国家走向灭亡，从此中国进入最鼎盛时期——盛世唐朝。

我们把唐朝称为盛世，那么唐朝这个盛世应该如何解读？我想盛世应该满足以下几条：第一条，盛世一定是政治清明的时代；第二条，政治清明一定要体现为制度的先进；第三条，制度一定通过法律确定下来，所以一定是依法治国的时代、法的时代；第四条，这个时代一定是文化高度繁荣的时代。

我们喜欢唐诗，它就是文化高度发展的结果，我们喜欢唐朝的乐谱、交响曲、音乐晚会，这也是文化发展的结果。大家知道全世界交响曲在哪一个国家诞生吗？答案就是在唐朝。唐朝恢宏的场面有两百多个乐器合奏，这样的音乐到宋朝就衰落了。一千年以后的欧洲交响曲有可能还是唐朝遥远的回响，所以唐朝是个文化非常繁荣的时代。

唐朝经济是高度发达的。经济发达是指什么呢？应该是指老百姓富起来了，不是国家富起来了，这个就是唐朝盛世的原因。经济让老百姓感受到日子过得红红火火，军事上为老百姓提供支持、提供保障。唐朝能够繁荣很关键的一点是因为唐朝借鉴了隋朝的失败。

以德治国，对人才要以诚信为本

国家要稳定，国家要富裕在哪里？在老百姓手中。所以唐太宗就提出了治国方针——以德治国，以民为本。

李世民特别喜欢人才，有人才就有一切，没有人才有一切都会输光光。唐太宗时期是中国历史上人才最辉煌的时期，没有一个时代的人才像唐太宗时期那么多，文官武将都是中国五千年历史上顶级的人。有一本总结唐太宗治国成功经验的书叫作《贞观论教》，书中列举了8个贞观时代的人才典范。但这8个人中却只有1个人是唐太宗自己的人，而其他7个人都是对手的人，其中还有4个是当年想要杀他的人，但现在都收编到他的手下了，这样的胸怀够大吗？有人说这个队伍很可怕，乱七八糟，来路不明。这个形势很危险，你会这样做吗？唐太宗说这个问题我也知道，但是用人最难是什么？就是识人不明，看不清人。你别看他在这里拍胸膛，出门就可能背叛了。可能我不知道哪些人有阴谋，我只知道这些人是人才，是贤人，他们能给我锦囊妙计。唐太宗就的以德治国就是坚持诚信为本，对自己的手下都诚信。我不诚信是可以把这些人抓起来的，但结果会如何？结果就是将来不管我做什么事情，大家心里想着皇上这回又搞阴谋了。总是不诚信，虽然战术胜利了，战略却失败了，同时信誉荡然无存。一个没有信誉的人在社会上能生存吗？不能。唐太宗说宁可收编这些人，我也不做这个事情，这个就是诚信为本。管理一个团队首先要有诚信。

习总书记刚刚在欧洲讲话说，历史是最好的老师，这句话是千真万确的。聪明人都读历史，比读任何书都好，因为历史是已经发生过的事，是已经证明过的事。历史和哲学不同，哲学是一种思维，思维出来的东西是有待于证明的，谁愿意证明谁去吧，今天想到所有的点子历史都发生过，结果都清楚。很遗憾我们中国就是不怎么爱读历史的国家，所以中国是历史重复最多的国家。哪一个国家像我们国家如此重复历史。以德治国怎么做？德这个字说起来很形象，但是实际上很空的。今天最缺什么？今天中国的德是远远不够的，最明显的表现是缺乏诚信，人与人之间互信很弱。现在路上一个老太太摔倒了也不敢去扶，扶起来就说是你推的，法院判几十万，但是你不扶中国的传统就没有了。所以这个是很坏的案子，我们一定要让全社会扶老人，我们一定要制裁讹诈年轻人的老人。

我跟一个基金会做了一件有意义的事，我们建立了一个基金，老人你们尽管扶，如果他爬起来说是你推的，这个基金会帮你赔。这些作为捍卫的是道德，我们需要捍卫道德，不需要就事论事，关键不要让它成为一种击穿道德的案例。德现在的不足在哪里？就是诚信不足。我们现在做生意赚一把是一把，骗一把是一把，都是出现在诚信的问题上。唐太宗就发现诚信不够，国家不够诚信。国家要以德治国，就从诚信做起。我们依靠国家的时候，它可以挺身而出，要捍卫这个原则。否则国家就没有存在的必要，就像我们有什么事情要到法院去裁判一样，诚信必须由国家来维护，国家能给我们一个坚强的靠山，就像我们有一个肩膀靠着一样的。

以民为本，任人唯贤，用人要考虑忠于职守

以民为本才是最难做的。唐太宗建立唐朝以后，全国户口送上来一看，只剩下 2000 万人。隋朝在短短三四年间人口就从 6000 万减到 2000 万，减掉了 4000 万人，相当于第二次世界大战全世界死亡人口。第二次世界大战可以用重型炸弹去炸，但在隋朝呢，砍的吗？ 4000 万怎么砍法？这个道理很简单，人都在，百姓趁着战乱把户口抹掉了。那么唐太宗是不是像隋炀帝一样，让官员深入农村把他们找出来？他没有这样做，他选择了放水养鱼，这个税不收了，只要钱在就可以，只不过不在我这里，在百姓那里，我花不完，百姓帮我花就可以了，这个就是胸怀。国家第一笔就让掉 60% 的税，这个叫作大气，是大智慧。所以唐朝用了 110 年使户口上的人口从 2000 万恢复到 4000 万。

唐太宗执政二十几年，在他手头国家工程一项都没有，他把工程生产的机会让给社会去做，民间自己做一定会很认真，效率高，经济也繁荣了。唐太宗几年之间达到社会空前繁荣，家家有余粮。

古代国家的税最主要的开销就是军费，第二个是官待，因为官不但要发工资，还要配车。怎么节省老百姓的钱，让老百姓不要交那么多税？干脆把官减掉。所以唐太宗时期，整个中央政府管理编制只有 643 人，中国历史上最小中央政府。643 人每个人都要精挑细选，个个是人才，还一定是好人。所以唐太宗任人唯贤，一定要德才兼备。

人才不仅要德才兼备，还要忠于职守。 玄武门之变想必大家都知道，为了争取皇位，唐太宗与哥哥在玄武门展开了激烈斗争。唐太宗最后成功地把他的哥哥杀了，杀了以后把哥哥头砍下来，派人拿到城头去，向城下喊不要再打了，你们太子已经死了，再打就没有意义了，再打就是自相残杀，我们本来就是自己人了。城下的三大主帅意识到这个政治秩序已经被颠覆了，这个天下是李世民的了，为了照顾自己的战士，停止了攻城。于是这三个主帅组织他手下的人就地解散了，解散以后他们就进山，进山以后，一个晚

上越想越不对，我们也是从百万军中杀出来的，这么出生入死，才有了赫赫军功，才有了今天的地位，一进山就变成草寇了，变成贼了，变成反国家的人了，这口气咽不下去，要死也死得堂堂正正，最后不能落一个草寇的骂名。第二天三个人就出山向李世民自首。自首就是准备去领死的，李世民亲自审问，问的问题很简单：“你们打得那么狠，杀了我这么多人，而且把我的左右手都杀了， 你们自己想该当何罪？”三个人众辞都一样，说打仗当然挑要害打，有谁打仗不挑要害打，所以今天才来自首，你说要怎么办，要杀头就杀头，我们今天就是来自首，三个人的供词都一样。那李世民做了什么判决呢？李世民却跟他们说，你们做得对，你们是中央禁军的主帅，你们的职责就是保卫太子，你们必须这么做，你们不这么做，我还要杀你们呢。现在我让你们官复原职，重新当禁军主帅，禁军总帅保卫的是李世民，李世民把命交给他们了。三个人接到李世民让他们官恢原职的消息，他们眼泪都掉下来了，回复李世民：“你把命交给我们，我们定会以命相报。”唐朝三个最能打仗的将军，第一个是李靖，第二个李极，第三个薛万千。这三大将有什么特点？打仗的时候让李靖跟李极带兵去打仗，哪怕不能大胜，但至少不会大败，而薛万千这个人不是大胜就是大败，这种人冒险型的，敢死敢拼的人，为什么要用他？因为他忠于职守，不会叛变。好的时代用人一定要考虑忠于职守。

多读“无用”书，做好本分工作

唐朝时有一个叫马周的人，他是一个苦命的孩子，是一个农村小孩，真正的农民，还是特困的农民。现在中国的社会总是强调书的有用性，只读有用的书，殊不知无用乃大论。想想中国一大天才韩信，家里穷得饭都吃不上，却还要读书，洗衣服的大妈看这个小子实在太可怜了，一口饭给他吃，结果读成中国真正的战神，中国的战神不是关公而是韩信。

马周也很喜欢读书，老百姓觉得马周不去种田，去读书，很可恶。古代读书成本很高，一张纸就值很多钱，识字的人也很少。最后马周去外面找了一份工作，在乡村当教师，却特怀才不遇，被校长开除了。于是他跑到了京城，到了京城以后，真的是时来运转。

当时唐朝中央的禁军司令是天不怕、地不怕的英雄，打仗不要命，但却是目不识丁的粗人。但很多文件都是要批示、汇报的，他不得不去招聘一个读书人做他的秘书。在千挑万选中，马周就幸运地被选中，成了他的秘书，但马周的人生远不止于此。唐太宗当了皇帝以后，连续三年国家多灾，大家就在想为什么会天灾不断，他想一定是国家没有治理好，通过古人的说法天灾是人祸引起的，就是国家治理不好才造成天灾的。所以唐太宗想肯定是自己不好，但不知是哪里不好，于是唐太宗让每个官员写一个文章来评论自己。中央禁军司令就把这个要命的活交给了马周，马周一口气写了二十几条。 唐太宗看到文章后就亲自派人来接马周到皇宫里面去。两个人谈了什么，没有人谈到。但是一席话下来，唐太宗知道马周确实是一个人才，而且是少见的人才。马周这些年的书真的没有白读，无用乃大用。唐太宗就跟马周说，你不用回去了，明天就到国务院上班，当一个小公务员。唐太宗非常关注这个人，几年的考核都证明是马周是一个人才，而且行政能力很强，所以马周就被提拔了，官职相当于今天中纪委司级的监察官。马周更尽心做事，李世民也更加重用他，最后把马周提拔成了宰相。

马周的故事给了我们启发：第一，一个人要成人才，多读书，多读无用书；第二，一定要竭尽自己所能做好本分工作。这个世界从来不缺人，只缺尽心尽力的人。这个世界从来没有哪一个专业差，只是你能不能做到最好，不管哪一个专业，你做到最好，到处都有人求你。所以一定要用自己的全部生命去做好你喜欢的、你想要做的事情。最后一句话送给大家：“行善的人必有前程。”谢谢大家！

为什么要学国学
中国人

15

主讲人：孟宪实

一部《贞观之治》惊艳世人，
一场《百家讲坛》鞭辟入里，
学术的成就源自于对真相的孜孜以求。
置身于大漠敦煌之地，
梦回到隋唐繁华之中，
总有着以史为鉴之人为我们指明前进的方向。
孟宪实，中国人民大学历史系、国学院教授，央视《百家讲坛》主讲人。

精彩语录

1. 我们现在最严重的问题是什么？因为国学教育的缺失，我们现在遇到最严重的问题是，道德环境的破坏。我们都知道自然环境的破坏问题很严重，雾霾，大家都很着急。但是我们现在更大的危机，实际上是道德环境的破坏。就像雾霾一样，道德环境的破坏危及每一个人，所有的人都可能成为受害者。

2. 我们主张国学、讲究中国传统，目的不是排他，而是要发扬传统。如果假设中国把自己的文化干掉了，那我们剩下什么文化？假如我们学美国文化学得很好，我们全部都美国化了。那会怎么样，大家会高兴够呛。但是我们成了美国文化，那不是中国人的贡献，那是美国文化的贡献。

3. 我们受的教育出了问题，很多时候文化不应该承担太多责任。现代化没搞好，不能归咎于传统文化，而是人的问题。

什么是国学？

今天说的国学的概念，它有一个特殊的背景，这就是在近代西学东渐。为了区别中国文化和西方文化，中国人就把自己的传统的学问叫作国学，把西方的学问就叫西学。国学有的时候又称中学，张之洞先生就提出了一个中学为体、西学为用的观念。体用之说，在近代的文化讨论中是常常被提及的，大家有各种各样的观点，也就是张之洞说中学为体、西学为用。也是我们当代的学者李学厚说，西学为体、中学为用。王国维有一个观点，他说体用不该分，牛体牛用，马体马用，不要分得清楚，也不分不开体和用是合二为一的。诸如此类的观点都从在，那一个基本的区分的办法，就是把中国文化称作国学或叫中学。

国学这个概念，也不是中国人发明的。就像我们近代的很多概念来自日本，国学这个概念应该也是来自日本。我们对日本的印象比较深刻的是福泽谕吉在明治维新之初（福泽谕吉是日本的一个思想导师），他提出的一个著名的观点叫脱亚入欧，就是日本的未来发展应该脱离亚洲，进入欧洲。在福泽谕吉之前，日本曾经有一个学术派别就叫国学派。日本的国学派主张在未来的发展中，充分发掘日本的固有文明和固有文化，发扬日本文化传统去改造社会影响未来，所以在福泽谕吉之前，这个国学派其实对日本的影响也是深远的。我们知道，日本就是在福泽谕吉的指导下，明治维新取得了很大的成功。在明治维新时代，在日本曾经有一个全盘西化运动。但是在全盘西化运动之外还有一个运动，就叫国学运动。所以在日本的近代化过程中，多的是全盘西化、脱亚入欧的主张，但经常忽略一个派别就是国学派。事实上在日本的近代化过程中，国学派和西化派共同发挥作用，这使得日本的现代化发展比较均衡。

另一方面在科技领域，日本是非西方社会中，学习西方最好的一个国家。但是日本的传统文化，同时也保持得比较好，所以在中国人看来，日本的现代化是比较均衡的发展。总之，因为日本对中国近代影响非常大，并且是双方有了战争，在对抗西方、对待西方的很多相关问题上也是彼此互通有无的，所以向日本学习曾经是近代中国人的一个长期课题。日本发明了国学这个概念，后来就传到了中国。很多思想家也用国学这个概念，来概括中国文化。中国文化就是国学。

国学的处境如何？

早在 1935 年的时候，北京几个高校的十个教授，联名发表了一篇文章，叫作《中国文化本位宣言》，在这个宣言中，教授宣布，中国文化作为一个整体，事实上已经不复存在了。中国文化作为一个主体，未来是否存在尚成问题。如果中国人的文化再不够自觉的话，中国文化的消失就是指日可待了。1935 年都不存在了，那到了 2014 年，中国传统文化作为一个系统的文化，它还存在吗？当然也不存在了！中国文化，在中国目前的状态或者国学在中国目前的状态，可以用两个概念表述。第一个叫边缘化，第二个叫碎片化。边缘化是它不重要，我们现在重要是西方文化。说它是碎片化，讲的是作为一个系统的整体，它已经不复存在，只不过是零星地存在着。这种状态你可能不相信，我可以简单地加以证明。国学过去传统文化，在中国是有一个自己的体系的，从知识的体系角度讲，比如说我们图书分类法叫作经史子集四部分类。在古代，就是中国人的一个知识系统——经史子集。但是近代在西方的强烈的吹拂之下，我们接受了西方的文化。后来我们建立了学堂，取消了科举。从 1905 年取消科举之后，在中国大地上广泛地兴建西式的学堂，这个学堂里面学习的东西开始以西学为主，那最开始的时候，也会有经学和中国的学问。但是其西化现象越来越严重，到了戊戌变法的时候，学科之中还保留着经学，这算是中国文化的一部分。到辛亥革命成功以后，1912 年，辛亥革命成功的第二年，蔡元培先生主持教育部工作的时候，他就公布了第一个民国时候的教育大纲，相当于教育大纲。在这个教育大纲里面，正式取消了经学。所有的教育，基本的内容就是西方的七科之学，即文理农医，这些学科，有一部分跟中国有关，绝大部分跟中国无关，这是西式教育的内容。从民国到今天，我们国民所受的基本教育就是七科之学，其实本质上，系统上没有改变过。我上中学的时候就是这样。学校讨论其他课程很紧张，哪门课不用考试了，历史课一定是首选不用考试的。到现在为止，其实这个状态没有改变。事关中国的学问，中国的知识。在我们中国的学校里它不重要，所以边缘化。还有一门课，叫语文课，语文课我们想起来还蛮好的，语文课不是副课是主课，地位很高，从校长到老师到同学，都很重视语文课，评价中学的一门课的价值是有现成指标的，就是高考分数，高考这个大指挥棒决定了很多人的命运，也决定了很多课程的命运，哪门课重要，哪门课的分值就高。我们语文课是很重要，它的分值和英语一样高。所以中学语文老师应该感到满意，但是各位已经上了大学你就知道，到了大学语文课和英语课就根本不是一个概念了，一个在天上，一个不知道在哪。有些大学是设有大学语文这门的，咱们学校有，有人说有，有人说没有，可见不太重要。由此可知，是选修课的话，大家还可以不学。但是你不可以不选一个物理课。所以我不知道你们学校的规矩，我们人民大学的规矩，英语课是必修课，不仅必修，它还是有一票否决的权利。如果你的大学英语不达 4 级，本科学位没有，如果上研究生英语不达 6 级，硕士学位没有。所以我们有过大学经历的老师和同学以及各位正在大学上学的同学都很清楚，在大学英语课的重要性超过所有的其他科目。即使是专业课也没下过大的功夫，在大学百分之七八十的时间，我们用来学英语。中国语文课和英语课的地位就没法再讨论，当然是英语更重要，中国教育体系对英语的重视程度，连英语国家都感到很吃惊，都感到很羡慕，你看人家中国多重视英语。

在这样的教育体系下，我们就明白，中国国民对国学知识的了解那就可想而知了。别看语文课是 120 分，跟英语平起平坐，但是我们上语文课的时候，同学、老师以及家长最关心是什么问题？最关心的是语文技术问题，如何修辞，如何造句，如何写文章。有关中国文化的问题，有关国学的根本价值问题，我们语文课其实并不涉及，虽然语文课和中国历史课事关国学的相关内容，但实质上在我们真正接受教育的时候，基本上不涉及国学的根本内容，只涉及国学的皮毛问题，如说语文技术的强调。上大学是受专门教育的。我们国民，整个国民和社会的一般文化状况，就是他所受的教育决定的，就同时决定了这个社会的文化状况。因为我们上了大学有可能，永远无法涉及文化性质、文化价值这类的问题。我们可能钻研到某一个学问中去，成为工程师。事关文化问题，因为专业的关系，我们可能这辈子再没有机会讨论了，这个国家的国民和社会基本文化状况是由什么决定的，是由基础教育决定的。可是我们现在基础教育的这种国学的边缘化和碎片化的状态，就决定了我们整个社会的文化状态，决定了整个社会的国学的基本面貌是边缘化和碎片化。当然，我们也可以放松一点，不必紧张。国学的边缘化和碎片化并不是中国特有的，非西方世界几乎都面临着同样的问题。可惜的是中国一方面号称有五千年文明，是一个文明古国。一方面对于传统文化的很不重视。虽然全世界非西方社会都差不多，但是我们会尤其感到痛心！

为什么要学习国学？

因为国学教育的缺失，我们才会遇到最严重的问题——道德环境的破坏。我们都知道自然环境的破坏问题很严重，雾霾，大家都很着急。但是我们现在更大的危机，实际上是道德环境的破坏。就像雾霾一样，道德环境的破坏危及每一个人，没人可以有幸逃脱。所有的人都可能成为受害者，我们现在经济状况好了，人们的口袋也鼓起来了，但是我们生活上的安全感并没有提高，反而降低了。所以我们随时随地都会发出一个问号，就是安全，安全不安全？吃饭，食堂这个米安全不安全？现在大学比较好，人民大学比较好。因为大学食堂安全是作为第一保障的，所以说政府很重视。宁可质量差一点，也不能出现差错。

中国在讨论老人摔倒扶还是不扶，原本说这是人性问题，这在孟子当年就讲到，一个小孩子爬上了井台，下一步就要掉井里。不管是谁见了这种情形，一定要把人救下来，不是为了获得乡亲们的赞誉，不是为了获得孩子父母的奖金，而是为了自己良心的满足，否则他会良心受到谴责的，这是人类自救的本能。本能，本性善良，可是在中国我们就要讨论这个老人摔倒，我是扶，还是不扶。

我们现在知道道德是个问题，但是我们现在仍然没有很好的道德教育，所谓道德的教育是个系统的道德教育，包括三个方面。第一家庭伦理，第二社会伦理，第三政治伦理。可是在此以前，我们经常受的教育是片面的政治伦理教育，实际上各个伦理环节之间，它是彼此支撑而连接的。一个人只有片面的道德观念，那也是缺德的意思。那就是缺德，完整的道德观念具有才是重要的，才是一个完整的人。可是我们现在真的面临很多严重的问题，比如说我们家庭教育，家庭伦理教育是不怎么样，缺失的非常严重。

但是，未来怎么办？从全球化的角度看，经济技术完全一体化了。经济市场完全一体化了，所有的标准，几乎都是世界共同的标准，这没有问题。从经济的角度讲，世界一体化的进程飞速展开。从政治的角度讲，即使国家之间有很多制度的不同，但有一点是相似的，就是透明化。政治更重要的追求透明化，我们总会发现这个问题不是问题。为什么？公司不透明，搞清楚到底要干什么？政治透明化才是最重要的，接下去文化的问题。在世界一体学的进程中，民族国家的民族文化成了这个国家最重要的标志、最重要的特征。所以没有文化，就没有这个民族，因为经济、技术大家都是一样的。吃穿都是一样，这是地方文化，你的国家标准就是文化标准。中国人跟日本人区别在哪？就在中国文化和日本文化的区别。所以从世界未来的角度讲，民族文化的保存和发扬，对于国家来讲是至关重要，只不过是以前我们这个国家不重视这个东西。

从国际斗争的角度讲，国家之间的竞争角度讲，经济利益大家都争，政治利益保护经济利益捆绑在一起。其实文化作为软实力是最受欢迎的。因为文化是可以共享的，政治不能共享。文化不仅仅是你的，也是大家共同拥有的。

我们现在主张国学或者讲究中国传统，讲究中国文化，目的不是排他，而是要发扬传统。如果假设很清楚，中国是把自己的文化干掉了，那我们还剩下什么？假如我们学美国文化学得很好，我们后来全部都美国化了，大家会高兴得够呛，但我们成了美国文化，那不是中国人的贡献，那是美国文化的贡献。

因为没有传统，没有国学，我们吃了太多亏。有的学生，有轻生的念头。一到春季或者什么季，就会发生一些事件，不仅是大学，中国是世界上小学生自杀的最多的国家。2010年不完全统计，中国一年小学生自杀137个人。所以根据一般的原理，我们就知道。如果有一个人自杀成功，就有十个人自杀未遂。教育部的领导说，我们小学要改革，我们要减少课业负担。好像大家都是因为课业太重，受不了才自杀。根本不是这个问题，什么问题，就是在我们的教育中，在我们的最重要的品德教育课中，有一个内容没有讲到，就是生命教育。生命教育课，你们上过，绝对没有，当然没有。但是在古代，实际上是有生命教育。你们现在最应该读的两本书，第一本叫《孝经》，你肯定没有读过，儒家最薄的一部经典，特别容易读。有很多注释，一看就能明白。第二个是《论语》，中国人的圣经。《孝经》里面讲，身体发肤，受之父母。不敢毁伤，孝之始也。孝从哪里开始，从生命保护开始，这就叫生命教育。如果我们那些自杀的小孩子明白这一句话，就不会轻生了。知道你的生命不都属于你，这是父母给你的，你要妥善地保护。《论语》里面讲，君子不立于危墙之下，你要是个君子，一个有道德的人，你就不能拿生命来开玩笑，冒生命的这种危险。

未来中国要崛起，中国要成为一个世界大国。不仅是经济要有实力，政治要有实力，军事也要有实力。关键现在我们看到最大的缺板、短板就是文化。一个国家的国民对自身的文化都不了解，谈不上自豪，更谈不上热爱了。那他怎么可能成为一个文化大国，不可能。但是一定你们还有人有这样的心思，说这个中国文化，它是个落后的文化。有了有什么用，有了一定是有问题的。拥有不一定是好，反而成了累赘，成了包袱，一直以来都有人这么讲。

五四运动的时候认为，中国文化会成为现代化的障碍，所以才决定剔除中国文化，主动迎接世界挑战。现在看来这个判断是完全错的，根本没有这回事。根本没有这个，比如说我们现在知道以色列人，他们拥有世界上最古老的教，是犹太教。犹太教至今仍然是以色列国民的基本教育的内容。它是全民信仰的，就跟穆斯林一样，全民信仰。所以从小就得接受犹太教的教育，犹太教仍然是至今最保守的。但是以色列人的现代化水平怎么样，它怎么就没有成为犹太人的现代化的障碍？

文化多元对大家都好，保存中国文化的发展是中国人命里注定应该做的事，否则就是不合格的中国人。这个话好像有点严重，但是也没有关系，未来只能是这么判断。

文学是人类情感栖息最后的枝条

16

主讲人：舒婷、王跃文、郑培凯、杨照、陈义芝、尤今

舒婷，中国当代著名诗人。

她的诗，像刀，像剑，也像戟，刻印人心；

而她的爱，是红硕的木棉，是炽热的火炬，感染着每一个读者。

王跃文，著名作家。

出版有长篇小说《国画》《梅次故事》，小说集《无雪之冬》《漫水》，随笔杂文集《幽默的代价》等文学作品十多部。

作品因其凌厉的批判锋芒和深沉的忧患意识而受到读者广泛欢迎。

郑培凯，香港著名文化学者。

学术兴趣环绕文化史、艺术思维及文化美学，文艺创作以现代诗及散文为主。

著有《汤显祖与晚明文化》《茶饮天地宽：茶文化与茶具的审美境界》等。

尤今，著名作家。

酷爱旅游，游历世界各地，迄今已旅游过 90 多个国家。

主要作品有《沙漠中的小白屋》《迷失的雨季》《那一份遥远的情》《浪漫之旅》《太阳不肯回去》。

杨照，著名作家，本名李明骏。

出版的作品有《故事效应》《故事照亮未來》《我想遇见你的人生》《对照记 @1963》《我们仨 @1963》《迷路的诗》等。

陈义芝，著名诗人，散文家。

曾获台湾地区散文奖、时报文学推荐奖、图书金鼎奖、出版信息金鼎奖、中兴文艺奖等。

代表作：诗集《青衫》《新婚别》《我年轻的恋人》《不安的居住》，散文集《在温暖的土地上》《等待下一次的重逢》等。

精彩掠影

我们中国现在在世界上似乎位置越来越重要，那么大一个经济体，在世界上说话也有人听，说一句话也是有分量，但是就是说我们中国和中国人，在国际上到底是怎么样的一个形象，当然这个是需要多方面的努力，要我来看的话，人家怎么看你中国，可能会看这几个方面。第一就是政府和人民之间是什么关系，第二人民之间是怎么相处的，第三我们和国际上各方面是怎么相处的。这一点是需要大家各种努力，但是对我们作家来讲，我觉得也是需要通过我们的文学作品，对外展示我们中国的文化形象、国民形象，展示当代中国人的精神品格。那些基督教徒们一个礼拜进一次教堂，那些伊斯兰教徒每天要做五次礼拜，但是中国人一天到晚哪也不去，就是一群什么都不相信的人，可能也是很可怕的。

不管是阅读文学也好，或者是创造文学也好，其实你投入了一个更高层次，更有意义的层次这样的一个境界。我想人这一辈子，大概追求意义，追究快乐、幸福的意义，这个是很重要的，当然了我们总要吃保、穿暖，那么年轻的阶段，打拼的阶段，买车、买房，这个也是有意义。可是我们也知道，到最后你想追求一个更高层次的意义，而我觉得文学真的是很重要的，可以提供给你的。那么文学我觉得特别是它通过我们熟悉的文字，我们要掌握这个文字和超越这个文字。刚才讲的，我们要掌握和超越我们熟悉的文字的表达和叙述。不见得是你一定要通过创造，你通过阅读，然后你能够叙述给自己听，或者是给别人听，那么你的心灵就真的能够有一个比较坚实的枝条在那边，不会像刚刚提出的问题，好像有一些中国人很奇怪，其实大多数不自觉地掉到一个很平庸的境界。我想人都不希望是平庸的，文学是一个很老的领域，让我们去追求自己，还有让身边的人也在这个精神、经历上有所提升。大概的状况是这样的，我对文学的认识，我就觉得，它意义真的是很高远，而我们又很容易接触到它。现在的人对阅读的兴趣在减弱，因为干扰很多，各种各样的诱惑也是很多，我们回到家以后，就是打开电视看电视连续剧，电视连续剧也不是不好，但是你如果是看了五六部以后，你会发现它们其实在重复同样的东西。

如果只是看别人写得很好，你想要写，请你不要写。第二件事，如果你不知道你自己可以比别人在哪一些方面写得更好，也请你不要写，这是一种自尊。放在整个文学的里面，我们有一个最根本的责任，我刚才说的，前面已经有那么多人不断地开发，不断地创造，没有人写过新的形式和内容，使得我们的这个文明和这个社会变得如此丰富，那一旦要进入文学的行列，我应该要有这样的自觉以及有这样的自尊，那是因为我还可以写出你们从来没有过的东西，人的潜能远超过我们的想象。人类文明一直不断地走，在我看起来，只有一个基本的主题，那就是当你告诉我们说，当任何一个人想要说人不过如此，就有人证明人不止如此。所以如果从这个角度来看的话，文学给我们的如果你想的是其他的物质上面的、地位上面的，这个不是文学，文学会给我们最深刻的安身立命就是证明我作为我自己存在，我知道我有一些想法和感受是别人都没有的，我觉得是文学唯一可以给我们的地方，所以文学无用，因为它对别人没有用，但是文学的无用，它经常在一些很微妙的时刻，就是如同苏东坡，他不是为了要说服别人，或者是要别人做什么才写这些作品，但是处于无用动机的文学，最后会在很微妙的地方证明它是有用的。

如果讲得更直白一点，我经常劝年轻人一句简单的话，我猜你们可能要花很久的时间去慢慢地体会，因为有很多的年轻人担心说我读书有没有用，我做这些事有没有用，我向来的回答都是，如果你只读一本无用的书，那就是无用的，如果你做一件无用的事就是无用，但如果你读够多无用的书，它就变得非常地有用。

大概是五六年前，我去北大也是和学生们做一个演讲，学生们提了一个问题很可爱，但是也让我感到哭笑不得，他们说你们当时北岛在 1979 年办的杂志叫《今天》，这是一个油印的杂志贴在墙上，孩子们就问，当时你们办这个是为了盈利吗？当时办这个杂志是要冒着生命危险的，所以呢？有的时候就是觉得，这个可能就没办法说清楚了。包括北岛，如果有兴趣网上这些都有，包括顾城的事、海子的事网上都有。但是如果你们问我的想法，我会很诚恳地说，生活虽然很不容易，但是我们还是活着更可贵。因为我们不能抛弃我们自己的责任，我们有很多的责任，对父母的、对家庭的、对社会的责任，所以当海子走了以后，我写了一个很小的文章叫《今天的情绪》，表达的就是这个意思。但不是所有的人，都像顾城或者是海子一样，不是所有的诗人就必须要偏激才叫诗人，也有很平庸像我这样的。

他们说拒绝庸俗，我就觉得很惭愧，我比较庸俗，过着比较平庸的生活，因为诗人和我们社会上所有的人一样，都是千姿百态的，有这样的诗人，也有那样的诗人，有的诗人可能一生只结过一次婚，只谈一次恋爱，有的诗人可能是三天不见，他就带了一个新的女朋友到你面前，但是这不是因为他是诗人，而是他就是我们普普通通的一员，我不知道我这样的回答，有没有让这个朋友满意，谢谢。

当我讲海峡隔绝，你们想的是 1949 年的时候所发生的事，但是我讲的是 1895 年之前所发生的事，所以，已经是超过 100 年的隔绝了，那在这个隔绝的过程当中，这两块土地都产生了它自己的文学，这样的文学天经地义是不同的，有相似的地方。

第一个是在人共同的基础上，第二个是在语言文字共同的基础上，除了这两个基础上面，在长期隔绝的情况下，当然会出现不一样的文学。所以我只是想，如果大家想要这个事的话，我建议在看台湾文学的时候，抱着一个最基本的想法，你去看和你不一样的经验，去看和你不见得会理所当然理解或者是能够感受的部分，用这种方式来读台湾的文学，才会有意义。意思是说，它帮你开放，虽然有同样的文字，但是因为社会上走的不一样的路，还有因为是大家关心的事不同，所以会创造出不一样人类的情感。

旅行的反思

17

主讲人：舒婷、王跃文、郑培凯、杨照、陈义芝、尤今

小时候，

她以为顶在头上那片天就是整个世界。

长大后，

她觉悟到人生就是一趟旅行，她要好好把自己居住的世界看个透。

现在的她，

足迹遍及九十多个国家，出版一百一十余部作品。

旅行是她的生活，也是她的创作。

她就是以游记小说见长的新加坡女作家——尤今。

她以微笑的眼、善良宽厚的心、敏锐的感知，关注着这世间的人与人性。

她让我们，对生活充满了感激和敬意。

精彩掠影

古巴有一个很出名的话，就是民间的话，这个是我在大街上拍的，随便你拿着相机，到处都可以拍到这样的镜头，他们说，这个话是说给美国人听的。我们活着，我们好好的。中国人有一句话，实际上是可以分开看的，什么话呢？穷开心，中间有一个逗号，我们穷，但是开心。

因为在旅行途中发现鼻子非常非常地痒，不知道是什么原因，每隔一天就更痒一些，到了第四天的时候痒得不行了，我就走到镜子的前面去照，一看，我的喊声差一点把镜子震碎。因为我发现成龙的鼻子长到我的脸上来了，而且不是一个，是两三个成龙的鼻子。

因为我只知道他的菜单上面是写发酵鲨鱼肉，你敢向你自己的味蕾挑战吗？你就点一个发酵鲨鱼肉，所以我就挑战了。然后上来的时候是这个样子，等我一打开的时候，我的天啊，好像一个人累积了几年的屁没有放，一下子全部放出来了。

所以冰岛居民曾经和我说，冰岛是零细菌的，生活在这里我已经是多年没有生病了，冰岛人也是零忧愁的，因为冰岛胜景多多，温泉也有很多，所以心里面有烦恼，看一看这些也就没有了。

旅行的真谛在什么地方？在于它让我们吸收各种书本上有或者是没有的新知识。还有它让我们思考，让我们思想进行自我茁壮。

地球就是我们的家，这个家有千家万户，只要有机会，我希望我们在有生之年能够看多少就去看多少，所以我连海地这样的地方都去了，那么还会有什么不可选择呢？

“科学与中国”院士专家巡讲及“两刊”走进成电

朱作言

梅宏

林尊琪

18

主讲人：朱作言、梅宏、林尊琪

三位中科院院士，一个操持基因链的剪刀，一个指点万千光束，一个在编码的世界里遨游。专业不同，治学的态度却一致严谨。年龄不同，奋斗的热情仍不减当年。

朱作言，中国科学院院士，细胞及发育生物学家，主要从事遗传发育生物学及生物技术方面的研究，取得了多项具有开创意义的重要成果，为鱼类基因育种奠定了理论基础。

梅宏，中国科学院院士，计算机软件专家，从事软件工程和系统软件领域的研究。

林尊琪，中国科学院院士，高功率激光技术专家，从事激光惯性约束核聚变、高功率激光驱动器和X光激光研究等。

精彩掠影

1. 我们要及时报道国内外重要的科学进度，全面反映我国科学发展的总体水平和优秀成果，促进科学发展和学术交流。要实现这一目标，就需要我们所有的老师和同学一起努力。

2. 我国激光基础和应用领域虽然起步较晚，但是也有一些很重要的代表性工作：超短超强激光、激光聚变、自适应光学、深紫外全固态激光、精密时频和光谱测量、太赫兹激光、激光融覆快速成型应用和产业比等。激光基础领域经过了五十多年的发展，还仍然在空间尺度上、时间尺度上、光谱尺度上两级拓展，已经接近物理极限，但仍然存在很大的发展空间。

3. 互联网时代软件技术有若干热点：软件服务化，软件可信性，绿色软件技术，基于数据的软件工程，全球化的软件开发，网络化操作系统。信息技术产业已成为能源消耗最大的产业之一，这就要求我们要进行“绿色计算”。“绿色计算”包括三个层次的研究——低功耗软件技术、低功耗体系结构、低功耗电路和器件。我们中国的科学家有信心走在时代的前沿！

人文·科学讲座

Ren Wen

Ke Xue Jiang Zuo

我在这里，与爱情对话

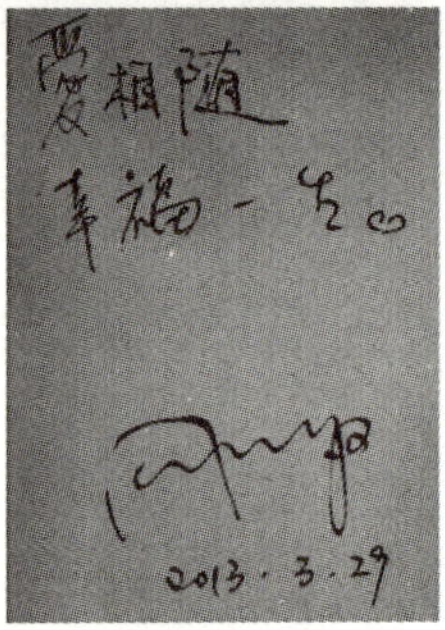

19

主讲人：周小鹏

她是标准的川妹子：独立、自主、开朗；
她痴迷心理学，虽然大学学医，却本着医身不如医心的愿景，铆着劲走进了中国科学院心理研究所；
机缘巧合之下走进了百合网，成为了外人眼中的高级红娘；
潜心钻研“爱商”，设计开发了国内首个婚恋培训系列课程——魅力爱人成长计划。

精彩语录

1. 真正的谈恋爱，不仅是在谈恋爱，而且是在谈恋爱当中，你慢慢地会对自己更了解。
2. 你对自己的了解越多，你的爱情会越来越幸福，因为你知道怎么去对自己好，以及怎么去对别人好。
3. 真正的给予别人爱的能力，就是你能不能静下心来去真的听懂，或者是听到对方想要什么。

人，为什么要谈恋爱？

去年百合网跟全国妇联曾经一起合作一个调查，调查发现，有七成的大学生认为谈恋爱是因为孤独、寂寞，也有 10% 的人会因为好奇而恋爱。

每个人恋爱目的不同，每个人恋爱需求不同，但是在我的观念中，从不懂恋爱，到我开始懂恋爱，从不恋爱到谈恋爱，到最后进入婚姻阶段，我会觉得人谈恋爱的目的无非是为了证明我很重要，而且我们想要证明，我在恋爱当中非常重要。我来成都之前，接受客户的咨询，他们两个谈恋爱吵架只为一个原因：每次男孩会在约定的时间准时到场，而女孩每次会迟到大概半个小时。男孩告诉我说，她在我这里可以迟到，但是她去上班、去工作是不可以迟到的，因为工作迟到代表了她这个人不守时，而且这个人不尊重别人，所以你一定要告诉她这个道理。然后女孩子告诉我说，难道你不觉得女生在约会的时候迟到半个小时是非常正常的事情吗？我们化妆跟穿漂亮衣服都是为男生啊，所以男生应该接受女生的迟到。

在他们两个人的故事当中，重要的是女孩子在心中有一句话：我不知道他是否真的爱我，所以我想要通过他的一些行为，来让我看到他很爱我。要想证明他很爱我，该怎么证明呢？约会的时候去迟到。我一旦去迟到，他会耐心地等我，说明我在他心中很重要。

所以对于女孩来讲，女孩想要通过她迟到的行为，证明她在男孩心目中非常重要，但是恰恰对于男孩来讲，男孩想的是你跟别人约会迟到我不管，但是你未来是跟我结婚的对象，如果你是要跟我结婚的对象，你很重视我，并且重视我们俩的约会的话，你是绝对不会迟到的。所以两个人做的事情，都是想要证明自己在对方心中很重要，所以他们想要投入一个事件去证明自己在对方心中到底重不重要。可是我们很难通过自己或者是通过别人来证明，自己在别人心中很重要，所以爱情当中，矛盾是会产生的。矛盾的产生有没有可解的方法呢？当然有可解的方法，但是找到可解的方法之前需要我们为恋爱做好准备：第一，我能够更好地了解我自己；第二，我需要的是能够去爱别人，爱别人也是一种能力。

爱情是以貌取人的

所有的爱情在我看来，就是以貌取人的。相亲的时候看到的相亲的男女，第一眼只看这个人的外貌，因为他没有办法了解这个人的核心，了解这个人的性格，只会通过他的外观来去评判，这个人是否适合他。成年人恋爱先不说，有很多在学校里谈恋爱的男男女女，你们中学的时候，特别是初中或者是高中，喜欢一个人喜欢的是什么？有女生说，你有去球场上看过人家打球吗？她说有啊，对啊，你看打球打得好的男生都是我们要围观的对象，那个时候他的确打球打得帅，但是这个人打球打得帅，你看得到那个人的性格吗？我相信在那个时候朦胧的爱情肯定不看性格，你看到的是打球的姿势，那个扣篮的动作，你觉得那个动作太帅了，就因为帅的那一下，你就喜欢这个人了。所以所有的爱情，在我看来，都是从以貌取人开始。

但是回过头来一点，真正的爱情能否靠以貌取人来最后得到幸福，答案是否定的。长久的爱情，如果仅仅是靠以貌取人的话，就不会让爱情有那么多的波折。所以对于很多女生来讲，包括对于很多男生来讲，真正的能够长久的爱情，必须得靠日久生情。时间越长，你才能了解这个人的性格跟你相不相符，然后你们俩有没有一致的兴趣爱好，有没有一致的价值观。

爱情需要条件吗?

爱情最开始，是以外貌来打动人的话，那爱情的第二句，就是你们的爱情需要条件吗？

有些人真的是觉得爱情不需要条件，我爱你不管你高、帅，不管家庭的富贵与贫寒，我只要喜欢你就可以。但是在我看来，爱情极度地需要条件。现在有很多在大学谈恋爱的年轻人，谈到恋爱的时候，都会谈到这个话题：他们需要那个人，成为自己想要的那个人，而这个就是我想说的：我爱你，我爱的并不是你，我爱的是我想要的那个人。

如果你不是我想要的那个人的话，我就会跟你发生很多矛盾。爱情的确需要条件，如果是你们觉得爱情不需要，但是如果你交往的那个人，认为爱情需要条件，她的条件可能是需要你对我好一点，现在学习努力一点，未来你的工资高一点，我需要未来有房，对于她来讲都是条件。所以有些时候，你能找到跟你条件相似的，最相似的是我有什么样的想法，他有什么样的想法，我能怎么做，他就能怎么做。如果你真能找一个条件跟你相似的人的话，那这个爱情就会长久下去，并且很幸福；如果你不能找到一个跟你爱情条件相似，并且你们两个就因为相互要求的爱情条件不一致的话，矛盾就会剧烈地产生。

在恋爱中认识自己

在爱情中我们会越来越发现，很多矛盾争吵不是因为对方犯了什么错误，或者不是因为对方没有满足到我们一个需求，而是有些时候真的是因为我们自己没有看完整个世界的全部，我们没有了解清楚对方，或者我们片面地认为我们是对的，所以矛盾会产生。关于对自我了解，它不是一个简单的话题，如果回到我最开始的那个问题，人为什么要谈恋爱，我现在能回想起来，我喜欢的一句话，其实是一个大学生说的，这句话原本是："我觉得我谈恋爱的目的，是为了让我变得更成熟。"听上去很书本，但的确如此，真正的谈恋爱，不仅是在谈恋爱，而且是在谈恋爱当中，你慢慢地会对自己更了解。你对自己的了解越多，你的爱情会越来越幸福，因为你知道怎么去对自己好，以及怎么去对别人好，但是如果你对自己了解少的话，你可能很难去认识到对方，并且认识到你想要接触的那个人。

心理学有一个著名的伤疤实验告诉我们：你认为别人在嘲讽你，并不是真的别人在嘲讽你，而是你自己认为，别人在嘲讽你。所以你用什么样的眼光看待自己，你就用什么样的眼光看待别人。如果回想一下，我们平时的人际交往当中，或者是爱情交往当中，当你感到很自卑，你自己都觉得不值得被人爱、不值得被人尊重的时候，即使对方对你再好，你可能看到的还是白眼。

所以关于自我了解，谈恋爱当中，你认为别人对你有多好，或者是别人对你有多不好，有些时候还真不是别人这样对你们，而是你自己对自己就没有足够的爱。如果对自己没有足够爱的话，同样也没有办法获得别人的爱，因为别人给你所有的好的爱，你都会认为那不是真的。

恋爱和父母有关吗?

很多人说，我谈恋爱跟我爸妈有什么关系？我接纳不接纳他，我不爱他跟他们毫无关系，可是在我看来，恰恰跟他们有关系。你们回想一下，你们想谈恋爱的对象，看看你们需要的对方的条件，他具备的性格特点、人品特点，包括责任特点等，会不会跟你的父母有特别相似的地方？是不是你觉得，我爸爸妈妈是特别会照顾人的人，所以我也想找个特别会照顾人的人，或者我的爸爸妈妈很善于照顾人，所以我特别善于去照顾别人，或者我的爸爸妈妈是脾气很急躁的人，我就特别讨厌脾气急躁的人？不管你做什么，人永远做的一件事情是没有办法脱离家庭。

有很多人觉得，我们谈恋爱，喜欢他，不喜欢他，跟他吵架是我们本身的原因，但是真正如果要从心理层面认真去了解的话，会发现重要的情况：我们跟恋人的吵架，其实永远是跟父母的吵架。那我们要解决现在要解决的问题，不是说我们两个的矛盾，因为我们两个的矛盾不是我们两个人的，而是我们跟父母的矛盾。所以如果你不能从内心当中，去接受你的父母，不管他们做得好的地方，还是不好的地方，如果你不去认真地接受他，如果你永远对你的父母带着怨气和不满的话，未来你会把这个怨气撒在你的另外一半身上。但你无论怎么找，都脱离不了你内心的需求，就是我要找到我真正需要的，自己所爱的那个人，所以你能否找到自己真的想要的这个人，先去真正地把你自己了解清楚，以及真正地先去爱你自己，当你在你自己身上获得更多的力量的时候，你才会有下面的资格去爱别人。

真正的爱人的能力

爱人的能力在我看来，就两点是需要的，一是怎么处理两个人之间的矛盾，二是如何满足对方的需求。

不管是男性也好，女性也好，你在跟对方沟通的时候，你要听对方说什么，你要听的在哪里？你是要听跟他有关的问题，听跟他有关的我的想法，听跟我有关的他的看法，还是跟我有关的我的看法，你到底要听哪一个？

如果你选择“跟他有关的我的看法”，那么吵架都是这么来的。我只在听他对我的评判，我总在听他对于我的想法，听他的东西，听他怎么评判我，一旦我找到他对于我说的话不是我想要的，我就开始跟他剧烈争吵。所以如果恋人吵架的话，永远是停留在第二点和第三点，包括第四点。但真正的有效沟通，只有第一条，不是你听他怎么评判你，而是了解他的需求是什么。

如果爱一个人，我不需要他有什么，我只需要我具备爱他的能力。那好，真正的给予别人爱的能力，就是你能不能静下心来去真的听懂，或者是听到对方想要什么。你听懂了对方想要什么，对方需要的，对方害怕、担心的，你才能到达第二步沟通，就是他有关我的看法，他所做这些，我能都给到吗？他所做的这些东西是否跟我的价值观是一致的？他自己对待朋友家人的态度，对待学习、未来构成的态度，是否都跟我一样？如果都一样的话，现在需要我来做沟通了。我要告诉他，与我有关的我对他的看法，我怎么去评价他，说这些都能够理解，我也会跟你一样，如果我还会有跟他不一样的观点的话，我该去回馈他，我觉得这件事情应该怎么做，我更希望怎么怎么样，这才是真正有效沟通的轮回。

恋爱小建议

所以当我们知道怎么听，以及怎么说过后，另外一点，就是有很多女生、很多男生问我，什么样的恋人不可以继续跟他交往下去？

那在我的工作经验当中，我觉得这三类人，都是没有办法继续交往下去的。第一种就是你已经把对方神化了，你觉得他简直无比完美，但是当你跟他接触过后你却发现他丑陋无比，他心理极度阴暗。因为你事先把对方完美化，你会觉得爱情是痛苦的。所以一段真正有效的爱情，是你真正地平静地去了解另外一个人，你确定好已经相信对方是你想要的，你才会更加理智地站在地面上跟他谈恋爱。第二种，如果你把爱情变成父女关系或者是母子关系的时候，这样的爱情真的没有办法经营下去。第三种，性为基础的男女恋爱，不考虑对方的未来和生活的话，我建议各位还是小心谨慎。爱里面有一个最大的内容是尊重，如果你不是以尊重对方的目的去跟对方交往的话，那你对对方的伤害有可能是一生一辈子的。

在你确定一段恋爱关系的时候，有五个问题一定要问：你们两个有沟通未来生活吗？你和他分享感受、思想的时候你觉得安全吗？他如何定义他的时间？他如何对待其他人？第五个问题是给我们在座的你们的，我说我爱你，但是我爱的并不是你而我爱的是我想要的那个人吗？

当你问完这五个问题之后，你的恋爱开始了。另外这三个建议送给在座的各位。我一个人，是因为我更多地了解我自己，所以我会更好地了解别人，因为我能够爱我自己，所以我也能够爱别人；同样地，我会尊重我和对方的差异，我不会因为对方有跟我不一样的地方，而跟他产生矛盾，是因为我接受对方身上的缺点，我才愿意跟他真正地进行下去，因为我知道，爱里面有一个最大的内涵是包容，包容我们的不一致。那同样地，我觉得我的爱情不是盲目冲动的，不是因为跟他有多巴胺的分泌，不是因为对他有性冲动，我是希望跟他能够长久地在一起，所以我的爱是非常谨慎的，因为我知道，这种谨慎的恋爱，会让我变得越来越完整，会让我变成更成熟的人。

推着妈妈去旅行

20

主讲人：樊蒙

1986 年出生的北京小伙儿，
患有小儿麻痹症而常年瘫痪的母亲。
为了带母亲出去走走，
毅然决然地辞掉现有工作，
从北京到西双版纳，
3359 公里，
他用坚实的脚步丈量着爱的距离。

精彩语录

1. 一路上碰到了很多小困难，但是当我们踏出第一步之后，一路上的快乐是我们继续走下去的动力。

2. 有时候人不去激自己一下，或者试探一下自己，可能不知道自己要做什么事情。

3. 现在我知道我想要什么样的生活，我拥有什么，我珍惜什么。我想要做什么事情，我都有更大的信心。

为什么带母亲出去走走

我开始出发的原因特别简单，一直到现在为止，那段时间是我整个人生的低谷时期。

先说自己的工作，我在跳槽的那个公司已经工作了两年时间。跟着老板一起创业，最开始公司只有十几个人的时候就在那个公司，然后慢慢地壮大，做了很多业务，逐渐到了一百多人。无论是当时的市场前景也好，还是来自投资方的压力，我们资金也没有那么多，虽然我不在裁员的行列之类，但是薪水还是要减掉一半。你不知道跟着这样的公司、这样的老板还想做什么事情。我不知道。

还有身体方面，我最想踢球，在一次拼抢当中把自己的膝盖给拉断了。最开始不知道，还在场上走走停停，逐渐地发现这个腿好不起来。做了手术，医生说你要是想要腿的话，以后就不要踢球了，你要是不想要腿就无所谓。自己最大的爱好被医生给剥夺掉了。

那段时间我的奶奶去世了，本来在过年的时候还答应着说，等着天气暖和一点回去看，但是没有等到。上一个礼拜打电话还是好好的人，突然就走掉了。等你看到的时候就是冰冷的一些场景，也没有任何感情，你也不知道如何去表达。

最让我苦恼的事情，上学的时候我一直苦恼这个事情：为什么没有女生喜欢我？好不容易当兵回来以后，找了个工作有个女朋友，我们一起谈了四年，还劈腿了。

我突然发现我的人生不知道是怎么了，可能单独地对于我来说，拿出一件事情我可能会去处理掉，但是就在短短那么一个月的时间里面，一件事情又一件事情，我每天睡不着觉。我不知道我的生活是怎么了，我不是站在悬崖边上就被人推下去了。我就一直在谷底，冰冷刺骨的谷底的河水浸泡着自己。虽然那时候自己已经二十六七岁了，但是还算年轻人是吧。我的生活有很多路可以走，我怎么才能让自己去缓解，或者让自己走出这个低谷。我就想到了旅行。

我想到了旅行之后，我就问我妈妈，我想出去旅行，可能要出去一个月的时间。您怎么看？我妈特喜欢玩电脑，也是我教出来的。她就在电脑前面偷菜，头也不回地告诉我：嗯、好。你好歹劝劝我，为什么这么做。没有。我想我去哪儿呢？去内蒙古草原吧，你想草又多，又那么宽广，肯定对缓解心情有一定好处是不是？

但是，因为那个时候就我和我妈妈两个人在家，她本来就腿脚不方便。我走了她怎么办？我就问她："我要是去了……""你不用担心我，我会去姥姥家，我会去姨家。"我又想，虽然去了姥姥家、姨家。但是这么一个机会对于我来说又是这么难得，对于她来说是不是也想去，或者两个人一起去会更好。要不然，我带你一起去吧。她说："好啊！"

痛并快乐的旅程

我们走到河南省的一个县，补充水和食物。到了一个地儿以后，就找个树荫底下凉快凉快，休息一会。那儿有一些"黑车"司机，在聊我们，一个人先开口："你看那边那两个人像是干什么的？"有人说："是卖货的吧。""别瞎说，那车上东西都是用过的，搁你你买啊？""那你说他们是干吗的？会不会是卖艺的啊？"然后说着就过来了。

另外一个说："不对，那女的腿好像不太好。这男的是不是带他闺女出来看病了。"我出门之后，因为路上每一处地方都在大街上，一路上都是灰。正赶上自己也想不做什么防晒，也想留着胡子。其实我留胡子就是一个目的，每天看到自己的容貌，胡子一天天长长。还没有到目的地，就是这个目的。灰尘、胡子也长。我再回头看看我妈，戴着一个特大的太阳帽，戴着一个蛤蟆镜，遮住半边脸、捂着一个嘴。防晒的效果特别好，比我白净很多，肯定是比我年轻。

终于他们也不猜了，有一个人过来问我，说："你们这儿这么多大包小包，从哪儿来的？""是从北京来的。""你们这是刚下火车还是刚下汽车？""我们是走着来的。""走着来的？！你们是被奸人所迫害吧。"当时我和我妈没别的想法，就想：大叔们，你们都这么逗，你们家里人知道吗？

一路上的确有过体力上的付出、流汗。当走到最后的时候，我们回忆的都是那些帮助过我们的人。我们一路上遇到了好风景，都是一些美好的事情。如果要说困难的话，我们把它分成省份来说。因为最开始的时候我自己有当兵徒步的经验。我想自己可能一天一天走多少多少公里，多少多少天就能完成。在我出发之前，我从来没有想到过我真的能够凭着自己的腿去走到那儿，因为一是路程远，二是路上发生什么事情不知道。而且自己的体能能不能支撑也是未知，我妈妈本来腿脚不好，有心脏病、糖尿病、高血压、胆结石。这一路上说不定会遇到其他的意外。包括路上万一出现了什么险情，我就拿着防身设备冲上去。我在出发之前给自己买了四五份人身意外保险。

出发第一天，我们在前一天晚上把所有东西都准备好，像一座小山一样，衣服、水，干粮……第二天早上 5 点出发。塞不下了，就准备好 6 点出发，一直走到晚上 7 点。我从旁边看看，这人我认识，反正走一天没走出北京。当时自己心里有挫败感，这什么时候能到，我原来预计自己一天走个五六十公里，拿了导航一看走了也就 40 公里，这行不行啊？心里没谱。但是就继续坚持吧，再往下一走就进了河北省。因为自己体力不好，当时刚做好完手术。手上起水泡，脚上起水泡，膝盖还水肿，其他所有的关节没有一处不疼的。

走出了河北到了河南之后，肌肉好了吧，车坏了。然后最主要是我出发之后，因为我两只手都握着轮椅的方向盘，我妈是路上的记录者，记录一路的见闻，还有想法。到河南的时候她把她的笔记本丢了。我就劝她：丢了就丢了，后面还长呢，还有好几个省，前面写回忆。写了一些又丢了，就拿出笔来，我不写了！

我和我妈不能吃辣椒，到了湖北之后，我们有时候进饭馆跟老板商量，菜能不能不放辣椒，好，不放不放。端出来一看，盘子里面特别长的辣椒。他居然告诉我这个辣椒不辣。有的时候也有好心的老板，我们说不上辣椒，菜上来之后，也不辣，也没有放辣椒，但是吃到嘴里的是辣的。有时候我甚至怀疑他那个锅就是辣的，因为一直炒辣以后那个锅就是辣的。

进入湖南之后，开始有山路。到前半段开始走遍了平路，刚刚走山路完全不适应。上坡的时候有时候需要我妈用手（轮椅旁边有两个轮子），她不加劲我上不去，下山的时候需要她支撑。可能大家想下山会不会轻松一点，完全不会，车上自重比较大，我们本身要下坡，还要做支撑的工作。下山比上山更累。

进入贵州之后，我们发现就没走到过平路，就快走出贵州了，发现这几天一直是阴天，找当地人一问，他们说：贵州俗语就叫天无三日晴，地无三尺平。就没有平路和晴天。

好不容易走到云南省，我到公路边大牌子合影留念。我跟我妈一直在拍照，拍照我非常开心，又再次拿出自己的手机搜了一下距离，930 公里。我以为马上要到了，结果才走了三分之一。

一路上碰到一些小困难，但是当我们踏出第一步之后，一路上的快乐是我们走出的动力。我们能够记住很多美好的事情，但是因为我身高不高，我一步肯定走不出一米，最后我完成了这件事情，有的时候也觉得自己想一想：啊，还是可以的。

这次旅行带来了什么

他说现在很多人难以做到跟父母在一起。我说跟父母在一起不光是时间的问题，因为大家上学、上班，本来就是高压力。不是不愿意做，是没时间。他说他们都没时间，就你有时间。并不是对于孝道，或者是为父母做什么事情。我们是一家人，我们没有那么多的时间，我们只是完成自己的梦想。我想给大家带来的是，你相信自己，然后就去做。无论走到走不到，只要去争取，这就是精彩。

我妈妈在我出来之前跟我说，下次什么时候去西藏，她还想这个事情。旅行对我来说，这个事件，本来我们花了三个月的时间，完成自己的事情就好了，被媒体拿出来了。这件事情拉长了一年之久。整个过程当中我是这么一个状态，本身是低谷。在旅行当中忘掉了一些事情，感受了一些新的事情。被媒体推到一个高的起点，慢慢地趋于平稳。可能对于我来说我真的是比较幸运，我被媒体选择，自己看了很多事情。我得到的这些信息知识在很多别的人要花很长时间才能消化掉，对于我来说我已经全都经历过了。现在来看，我可能跟没去北京之前的自己一样，对于旅行来讲我更喜欢钱，去挣钱。我还是跟当初一样，更有钱的话我会选择其他的方式。无论是房车还是什么，因为不会很累，这就是最自然的方式。大家大可不必认为作为一个职业背包客，这样做可能就会得到一些力量，不可能。

当媒体把这个事情拿出来之后，说明他已经在一个顶点了。就像股票一样炒到火热的时候，然后就等着亏吧。当旅行感受一些事情，忘掉烦扰，感受一些不一样的事情。我还是建议大家出去走一走，看不一样的世界、不一样的人文，吃不一样的食物。

故事的结局早已写在开头

21

主讲人：蒋方舟

她少年成名，跨界行走，游刃有余；
她是美女作家、杂志主编，也是电视主持、广告模特；
她的作品大胆另类，她的为人坦率直白，似乎不太符合人们心目中“好孩子”的形象；
但对于文学，她始终“固守”自己的领域，不怕做被时代淘汰的人；
她就是《新周刊》杂志副主编蒋方舟，她说，虽然故事结局已经被写好，但是我们依然有改写的能力。

精彩语录

1. 时代不是用来去迎合的，社会不是用来去谄媚的，世界不是用来去适应的。如果你去适应它，如果你谄媚它，如果你满足于它，你永远只能成为生活在平静的绝望当中的大部分。

2. 理想的生活状态就是一种简单易行的生活状态，一种不需要太多条件，不需要太多网络、智能化手机，不需要太多工具就可以去实现的生活。你永远有回身的空间，你永远有反省的空间。

3. 一个人他得多虚弱才必须嗑药，每天靠一碗又一碗的鸡汤生活；一个人他得多没有自我，才需要靠别人去给他励志，找到自己的志向；一个人得多没有力量，才需要别人给予一些劣质的 5 号电池让他有能量。

4. 我心目中唯一的英雄是打一场他知道不可能战胜的仗，去触及你知道他不可能触及的东西，只是因为他必须要这样做的人。

在自己身上克服这个时代

这个时代看起来似乎是很好的，为什么还需要克服？先跟大家先分享一件事。前几天，我坐飞机去上海。在去机场的车上发现有一个男生一直在看我，我被看得不高兴。过了不久，他终于忍不住问我："你是蒋方舟吗？"顿时，我觉得我的虚荣心得到非常大的满足，我说："是啊！是啊！"他就说："我是孙宇晨。"他一说这个名字我立刻想起来了。在我大三的时候，也就是 2011 年的时候我和他一起登上过一本杂志，叫《亚洲周刊》，杂志上写着：互联网价格战"90 后"精英。

为什么当时我们俩一起上杂志呢？因为那时候我在清华读书，他在北大读书。我那时候特别胖，比现在胖了 20 斤。那时候是因为心情不好，就吃了很多，心情更加不好，就特别地仇恨社会。因为仇恨社会，所以就写了很多批判性的文章，批判清华等。刚好这个孙宇晨在北大读书，那个时候他也写了很多批评北大、批判官僚体制的文章。所以我们两个是作为反抗的代表上的杂志封面。

我觉得非常奇怪，因为当我在车上看到这个年轻人的时候，发现他跟我记忆里面的几乎是完全不一样的。在我的记忆里面，他是穿着格子衬衫，戴着眼镜，跟很多在座的大学生的打扮是一样的。但是当我看到他的时候，发现他头上抹了很多发胶，穿着一件很帅气的风衣，带了一个公文包，戴着一条红围巾，特别像霸道总裁。后来他递给我一张名片，发现他确实是霸道总裁。原来他现在是某个互联网公司的 CEO。后来他也给我发了微信，发了个他的名片——“达沃斯领袖”，“30 岁以下商业领导第一名”，“和徐小平老师一起参加某个创业年会……”——总之是非常地厉害。

我看过之后觉得非常惭愧，因为三年过去了我唯一的成就是减了 20 多斤，但是他却从一个小“愤青”变成了一个很成功的企业家。我讲这个故事是想说明，某种程度上这个时代确实变好了，感觉有很多机会。我身边有很多“90 后”的创业者、“90 后”的 CEO、“90 后”的科学家、“90 后”的导演、“90 后”的漫画家等，“90 后”中就已经有一千万这样的人。

貌似这个时代是最好的时代，它给了年轻人很多时间、很多机会，打开电视里面全是实现梦想的人。汪峰老师坐在那个椅子上，就像阿拉丁神灯一样问你说：“你有什么梦想？”好像只要你有什么梦想就可以实现，好像全天下都是实现梦想的人，全天下都是不忘初心去坚持的人。

但是这是一个最好的时代吗？我在想，如果我是坐在底下的年轻人，我会面临非常大的恐惧。因为我要面临人力资源的减少，面临技术的进步带来很多工作可以被计算机取代，我要面对的是更好的经济增长……

我经常在想，如果我不是 7 岁就开始写作的话，我的人生是什么样子？我想这一点并不是这么难。我从小学开始就有一个官方指定的老公，不是男朋友。所有人觉得我们会在一起，只是因为他跟我长得非常像，就跟失散多年的同胞兄妹一样。他的爸爸和我爸爸是同事，他们都是火车上的乘警，他的妈妈和我的妈妈也是同事，都是铁路学校的老师。所以我们每天一起上学一起放学，还有一对同学在唱“要娶啊”什么的。我们内心也非常羞涩地接受了大家的祝福，虽然什么都没干，我们一直持续这样青梅竹马的关系直到我高中去了武汉，大学去了清华。

毕业之后留在北京，两个人一直没有见过，只是从我爸爸那里听到他的消息。直到今年过年的时候，回家才跟他见了一面。我非常惊讶，而且愤怒地发现他居然已经结婚了，已经有孩子了。那时候我就以一种潜意识里试图破坏他人家庭的这种……怎么说呢，就是很阴险的心态。我就跟他说："你还是有梦想，你还是应该来北京。你现在生活真的好吗？要反思一下，你的婚姻真的幸福吗？"他跟我讲，他内心已经认命了。他一辈子就是这个样子，而且不会有大的变化，他也满足于现在的生活。

我想了想他的话，他的话并没有错。中国几千年来，大的阶层并没有发生那么大的转变，阶层的上升永远是困难的，而资本永远是集中的。我们经常在电视上看到各种实现梦想的人，各种好像只要坚持就能够成功的人。好像大家都有一种很大的幻觉，只要你年轻，只要敢拼就能成功，这是最好的时代。时代并没有好坏之分，任何时代都是只迎接小部分人，拒绝大部分人，把鲜花和掌声留给小部分人，把冷漠留给大部分人。小部分人真的能够理想地生活，而大部分人只能活在平静的绝望当中。

时代不是用来去迎合的，社会不是用来去谄媚的，世界不是用来去适应的。如果你去适应它，如果你谄媚它，如果你满足于它，你永远只能成为生活在平静的绝望当中的大部分。而时代我认为是在自己身上，是需要被克服的，在自己身上克服这个时代。

过一种矢志不渝的生活

用一种简单易行的方式去克服这个时代。

我在整个大学坚持了两件事。一个事情是减肥，这件事情在大学毕业时以高达 60 多公斤的体重宣告失败。另外一件事就是不听课，我周围的同学都是非常勤奋的同学，恨不得在脑门上刻着"第一"、"天生卓越"、"天生骄傲"。我自己的生活非常散漫，他们 6 点去图书馆抢座位，我 8 点才醒来，醒来的时候宿舍一个人都没有。我沉浸世界末日的恐惧当中，我的世界末日感特别强，全世界都给毁灭掉了。拿两本书，慢慢悠悠地到教室看书然后到结束，晚上把写好的段落藏到电脑上。我四年下来有 200 多万字的读书笔记，全部是摘抄和我自己的感想，这些都没有出版过，只是我平常学习积累的过程。

当我差不多完成读书笔记的时候已经十一二点了。我们学校有一个特别制度，就是限电熄灯。整个宿舍唯一有电的地方就是洗衣房，那时候把电脑接到洗衣机的插座，坐在湿漉漉的地上开始写作，没有互联网，没有 Wi-Fi。在一片黑暗和寂静当中写作三四个小时，然后再睡觉，在漠视当中醒来，每天重复这样的生活。

周末那时候大家都出去玩，和男朋友约会，我作为一个 60 多公斤的胖子并且没有男朋友，只能去学校旁边买书。每周买十几本书，然后用一周的时间把它读完。这就是我大学四年的生活，非常单调，非常枯燥。大学读了很多书，那段生活非常地枯燥和单调。但我现在想起来非常怀念，现在永远回不到生活中只有书而没有其他的状态了。

很多人都是这样，比如说我非常喜欢一位老头，他从四五岁的时候开始下棋。那时候在北京的四合院下棋。有一天，他爸爸跟他说："外面有几个学生闹事，不过没关系，你继续下棋吧。"那个所谓的有几个学生闹事就是著名的"五四事件"，他的生活就只有下棋，没有什么大事件。如果是今天的话会拼命地到微博上看，发生了什么，或者是微信转发。但是他没有，他的生活里面只有棋。

我特别喜欢的历史学家叫田慕，我相信大家可能都听过。他当时在战乱的时候，在教室里面胃疼打滚。有一个学生看到了他："田老师你需要一点什么吗？我能给你拿一点什么吗？我给你拿一点药拿一点热水，还是叫医生过来？"田慕老师说："那给我拿一本文集吧。"那时候胃特别特别疼，但是他什么都不需要，只是拿了一本王阳明的文集躺在地上看。那个就是生活的必需品。

这就是我想说的，我发现自己喜欢的人都在建立一种简单易行的生活方式，他们的生活用矢志不渝来形容。我们经常听到矢志不渝出现在类似于我爱你爱到天荒地老的场景中，其实矢志不渝并不是这个意思。矢志不渝的意思是立下自己的目标，然后像箭一样笔直地冲向自己的目标，中间没有什么可以阻挡你。

某种程度上我喜欢的无论学者也好，艺术家也好，科学家也好，他们都是天生的，他们都是天才。这种天才并不是说有很高的天赋，而是当他们认定了一件事，就没有什么事情可以阻挡和完成这件事，实现他的目标，成为他想成为的人。这就是我心目中矢志不渝的人，非常朴素，但是非常满足。

我并不是让大家扔掉手中的手机，或者是断掉自己的 Wi-Fi，并不是回到原始人的生活当中。而是有一天我们的工作变得特别复杂、生活变得特别富裕的时候，应该想一想它带给我们的生活是满足和自由更多，还是焦虑更多。比如说发一个朋友圈之后，久久地等待着朋友的点赞或评论，用美图秀秀照片展现自己的生活状态，用手机摇一摇交朋友，然后每天跟他们聊天。我们要想一想这样的生活究竟带给我们更多的是满足，还是焦虑。

当这种生活方式带给我们更多的是焦虑的时候就是反省的时候。我特别喜欢一句话，“我特别喜欢自由，自由就是没什么可以失去的。”理想的生活状态就是一种简单易行的生活状态，一种不需要太多条件，不需要太多网络、智能化手机，不需要太多工具就可以去实现的生活。你永远有回身的空间，你永远有反省的空间。这样的生活是我所羡慕的生活，这是一种矢志不渝的生活，生活中只有自己和自己追随的目标。

打一场不可战胜的仗

用独立的精神去克服这个时代。

我在过去的一年里面过得非常不开心，几乎陷入了一个暴饮暴食的边缘，后来我想自己为什么不开心。一个很显摆的原因是我发现自己老了。我从 7 岁开始写作，写作已经有 18 年。我已经习惯了永远被当作最小的最年轻的，或者是所有人当中最新锐的一个。但是我忽然发现自己一夜之间变成了蒋老师，变成了蒋方舟女士，甚至是蒋阿姨。我突然发现自己已经成为一个过来人，要去回忆自己的青春。我觉得很恐怖。

直到上个月才弄清楚自己为什么不开心。上个月我去南京师范大学做了一个分享，讲人生经历。讲述结束之后，提问的环节中最后一排的一个女生拿到话筒说：“你好，我是一名学新闻的大二学生。”我当时一听就有很异样的感受，预感她会说一些预期之外的东西。因为我大学是学新闻的，我听讲座永远是最后一排，偶尔瞟一眼讲台上的人：哎呀，大笨蛋……然后就开始继续看书，或者做自己的事，那时候是一个叛逆的少女。果然她拿到话筒之后说：“其实我不是想问你问题，我想跟你说说三件事。第一，你已经是一个成功的人，你来跟我们讲这些东西，我觉得你站着说话不腰疼。第二，你熬那么一大锅的心灵鸡汤对我们来说有什么用呢？因为这跟我们在微博上看到的没有什么区别。第三，你说的这些话你相信吗？”她话还没有说完，就被周围的同学阻止了。我当时很难堪，并不是下不来台，而是短时间内回答不了她。她说的确实是对的。我想了差不多一个月，后来才一点点去明白，明白我该怎么去反思，该怎么去回应。

第一个问题，“我觉得你是一个成功的人，你站着说话不腰疼。”如果有任何一个人，在讲台上，或者是文章里、电视里、广播里，他告诉你他是一个成功的人，我觉得这个人一定是一个骗子，或者是做传销的，或者是骗你买什么东西。因为没有成功的人生，他只是做了一个成功的事情，他可以开一个成功的餐馆，可以写一本成功的书，办一个成功的企业。但是每个人的人生一定有非常不堪、非常难过、非常难以承受的焦虑和痛苦。大学时候，我看着大学一毕业就结婚生孩子的女孩子，就觉得她是人生赢家。老公给她做饭，写一行情书“唯有爱和美食不可辜负”，特别羡慕，这些就是人生赢家。后来发现并没有所谓的人生赢家，每个人在生活中都做了非常非常大的牺牲，所以不要告诉任何一个人你的人生是成功的。

第二个问题，“每天喝那么多心灵鸡汤，你觉得有用吗？” 心灵鸡汤为什么会这么流行？一个人他得多虚弱才必须嗑药，每天靠一碗又一碗的鸡汤生活；一个人他得多没有自我，他才需要靠别人去给他励志，找到自己的志向；一个人得多没有力量，才需要别人给予一些劣质的5号电池让他有能量。

我在大学的时候也经历过特别迷茫、特别找不着方向、特别恐惧的时候。但是我那时候的第一反应是需要迷茫自己，需要迷茫三五年，我需要花那么长的时间去找到自己。在我找到自己之前不想那么快地成为别人。在我非常迷茫的时候我很讨厌别人让我所谓的坚持自己，因为我那时候连自己是谁都不知道，怎么去坚持呢？特别讨厌什么不忘初心，方得始终，什么是初心不知道。

如果你觉得恐惧你就不要做什么，那就迷茫吧。它就像单身一样，它不是一个问题，它不需要被克服。你要尝试很多问题才能真正找到自己，而且必须自己找到什么是重要的。大学时我在《北京周刊》当特别记者，去外面采访、开会。因为我知道四年的时间是非常宝贵的，我不愿意用一张很漂亮的成绩单换一个很精彩的人生履历，因为后者对我来说才是重要的。

第三个问题，“你说的这些话你真的相信吗？”我现在还在想，很多时候我们会说一些可能连自己都不相信的话。高三的半年是我人生中唯一学习的半年，之前的人生从来没有学习过，我从小学开始就不写作业，而且我们老师可以让我不写作业。我是一个睡眠质量特别好的人，我怕自己睡床上太舒服就睡桌子上，睡两个小时就起床。那时候把自己洗脑成学习机器，吃得苦中苦、方为人上人。高考结束第二天就瞒着爸妈从成都出发去了绵阳，最后到了北川。在北川吃猪蹄的时候遇到一个当地的老头，我们就开始聊天。

我说了很多关于珍惜生活，吃得苦中苦、方为人上人类似的话，他最后很忍受不了我的这种非常可笑、没有内涵的话。他告诉我，地震发生的那天他在家和女儿看电视。忽然开始地动山摇，他没有跑，就坐在家里等死。但是他的女儿背他跑下楼，但命运作弄人，楼从后往前倒下去了，他看着女儿被压死了，他女儿才二十几岁。

我非常后悔说了那样的话，哪怕是沉默也不要讲那些我不相信的话。因为有的时候太过沉默，我们不得不去说一些让自己产生愉悦和幻觉的话。我觉得在相信和不相信之间，必须有一个界限。你必须知道应该相信什么，不应该相信什么。这是我第一次相信自己。我们的不相信往往是经验性的，并不是没有美好的东西，而是那些美好的东西非常非常短暂。就像好的恋情会消失，好人会变坏，弱者往往在得到帮助之前会死去，所以我们的不相信、我们的怀疑是经验性的。我们很容易失望，很容易不相信。因为失望是一劳永逸的，一旦你失望就可以什么都不用做。

我们的相信是惯性的，我们习惯性地去相信这个世界会变好，因为有人帮我们把世界变好，我们习惯性相信不用做跟别人不太一样的事情，因为大家都做一样的事，而且似乎过得还不错。前段时间在豆瓣上面看了一篇日记，那个日记是一个在以色列读书的“90 后”学生写的，日记的后面写了一句话：永远不要习惯这样的生活，永远不要因为一个配不上你自己的社会而降低自己的标准。

说实话，这个社会并不是配不上我们，而是我们配不上这个社会！之所以我们会降低对自己的要求、自己对公平的要求、自己对环境的要求、自己对资源的要求、自己对尊严的要求、自己对好的生活的要求……因为我们是习惯性驱使的动物。我们的相信是惯性的，这和我们的不相信是经验性一样，我们认为这样的人生容易一些，需要改变的事情少一些。

在我内心看来，我们的相信和不相信有一个非常简单的标准，我们的所谓独立精神不是一个人告诉你什么该坚持，什么该怀疑，而是我们自己去判断。我并不太相信这个时代会变得越来越好，我觉得这个时代在某种程度是非常荒唐和荒废的。但是我相信你其实是可以在它身上去克服那么一点点。有这样一个比喻：一座船，这个船上有个洞，有人是选择看不见这个洞，有些人说服别人这个洞不存在，有些人干脆弃船逃走。但是另外一些人拼命地舀水，并且他们很固执地相信他们舀水的速度能够超过水流的速度。他们是我心目中的英雄。

我只相信一种英雄主义，这种英雄主义不是马云赚了很多很多钱，不是梦想还是有的，万一实现了，不是什么科技产品去改善人类生活，我心目中的英雄也不是大官领袖拥有很多权力的人。我心目中唯一的英雄是打一场他知道不可能战胜的仗，去触及你知道他不可能触及的东西，只是因为他必须要这样做的人。我心目中唯一的英雄主义就是堂吉诃德式的，我很喜欢《堂吉诃德》里面的一句话，是一个唱段，是我自己翻译的，翻译得不是非常好，但是我愿意念给自己。“听我说，此地荒凉，难以忍受，艺术尽毁，品性败坏，骑士诞生，战袍招展，戴上手套，向你宣战。我只是我，堂吉诃德，使命召唤，我们出发。命运狂风，我前行。风吹之处，荣耀之至，我之跟随。”这段话献给大家。谢谢！

相信未来

22

主讲人：张戈、梁焕臻、俞敏洪、周问鼎

张戈

他是 GRE、TOEFL 高分获得者，
也因此成为新东方教育科技集团阅读和考研名师；
美国著名的沃顿商学院给予他奖学金，
他传授的“考研英语阅读的十大题型和考试原则”给在黑暗中摸索的学生带来了光明
他便是张戈，苏州新东方学校校长。
一位曾说过“自信，已经成功了一半”的追梦人。

梁焕臻

他是 GRE 托福考试全球高分获得者，
创立“新东方听说风暴营”，
他将神经语言学的知识带入英语学习课堂中；
从乌鲁木齐到美国亚利桑那，

他的脚步从未停止，
他就是梁焕臻，一位打破传统英语学习模式的指路人。

俞敏洪
他是新东方教育科技集团的创始人，
当下中国青年大学生和创业者的“心灵导师”；
从一穷二白的山村走向未名湖畔的过程经历了艰难险阻，
他就是俞敏洪，教育行业的最著名的“中国合伙人”！

周问鼎
他是新东方科技教育集团十大演讲师之一，
风趣幽默的他喜欢用 EOC（enthusiastic，optimistic，charismatic）来评价自己的教学风格，
他就是周问鼎，带领学生走进英语学习坦途的开拓者。

精彩掠影

1. 不管这个专业是不是你选的，不管你喜欢不喜欢，你现在的义务就是要把它学好，因为这是你推不掉的。
2. 好人，是只做在自己能力范围内的事；有能力不做，不是好人；没能力非要去做，也不是好人。
3. 用善良的眼光、褒奖的眼光、表扬的眼光，去看待你身边所有的人。你会发现你身边所有的人都很好，因此你也很幸福。
4. Everyday in everyway my life is getting better and better。
5. 记住人生中的任何历练或挫折就像你把一百元钱不断地折磨一样。你折一下它还是一百你踩几脚它还是一百，你就是撕开它它还是一百。记住它的价值不会因为它受的折磨而减少。
6. 我追了大家五年都没能追上大家，但请大家放心，我不会放弃自己，你们五年做成的事情我干十年，你们干十年的事情我干二十年，你们干二十年的事情我干四十年，如果说四十年后还是没能追上大家，我会保持身心愉快把你们一个个送走了我再走。
7. 生命中最重要的是什么？你心中有阳光。不用怕失败，失败是另一个成功的开始，是生命中的另一个成就。
8. 相信未来首先相信的是自己，而相信自己之前首先请了解自己。

揭开谍战的面纱
——解读麦家，听《风声》析《暗算》

23

主讲人：麦家

他是一位侠客。

他招式简洁却深不可测，武功路数独特诡秘而又幽邃神奇。

有人说他的文字犀利无比，机关重重，又暗藏玄机。

他曾多年从军，历经几次辗转，终于踏进文坛。

其文章凝练人生悲喜，涵盖人性。他说：“我的作品，属于人心。”

他，就是迅速崛起于文坛的黑马——麦家。

精彩掠影

1. 季羡林曾经说过，不完美的才是人生。现实中的每一个人都有他的遗憾，所谓的忧愁痛苦，都是一种滋味，人生的滋味。

2. 不管是我，还是你，不管是在军营，还是在校园，青春的岁月是最宝贵的，它决定了你的未来、你的爱好、你的婚姻、你的事业。

3. 每写作一次，都觉得生命老了很多。

4. 没有创作冲动，作品很难有个性、真实和深度。无动于衷的写作，很难超过别人，没有自己的个性也很容易消失。

5. ——“今天在现场，有很多电子科技大学的学生，对于他们，麦家老师有什么建议？”
——“我刚才说的每句话都是对他们说的，我今天就是来和他们交流的，每一句都是属于他们的。”

6. 以前别人向我推荐一本书，我一定要把它读完，想着一定要学到什么。但现在我可以跟大家说，当一本书你看了前面三五千字，实在看不下去，就可以不要看了，说明这本书和你没缘分。读书和交朋友一样，有那么一种书是适合你的。但这种书是哪一种，谁也不清楚。所以开始可以广泛地读书，不停地筛选淘汰，终会找到一本书——你看到它觉得生活被照亮了，然后反复地阅读它。

7. 年轻时不要计较那些功利得失，尤其是在爱情面前，这可能是人生唯一一个充满诗意与浪漫的机会。哪怕这次爱情没有结果，但经历爱的过程会给人生留下一笔巨大的财富。

24

主讲人：蔡骏

有谁依靠上帝赐予的灵感吃饭？

又有谁常常担心脑子被各种突如其来的灵感撑破？

只有他，

蔡骏。

以天马行空般的想象力构造悬疑里的罗曼史，

以严密紧凑的逻辑思维探寻恐惧之外的深邃命题，

这位才情超人的“灵感的宠儿”！

精彩掠影

1. 我们不知道这个事情会不会发生，会不会在今天发生，会不会在这个地点发生，但是假设你早出去了一分钟或者说晚出去了一分钟，这个人、这辆自行车就会从你的身前或者身后擦肩而过，你可能这辈子永远不会再见到那个人。

2. 因为有各种各样的悬疑，所以我们需要活下去，需要去证明这个不是悬疑，需要去证明自己能够去改变所有的一切可能的悬疑。

3. 在中学里就被告知，小说的三元素是情节、人物和环境。故事只有情节，然而小说不一样，小说一定是有人物去带动的，而且小说最好是能够让读者知道这个，去营造一种环境。这个环境不是指空间上的环境，更多的是心理上的、社会上的、时代人文上的这种大的环境和背景。

4. 我觉得一个作家，如果想要感动读者的话，首先必须要感动自己。

美学意蕴《红楼梦》

25

主讲人：肖鹰

他是肖鹰，
他，执着于美学研究，
为文化之意义的缺失痛心疾首，
为心中坚持的美学他言辞犀利。
有人赞美他的坚持，有人憎恶他的偏执。
有人说他是美学文化这条小径上的独行者，
也有人说他是哗众取宠博人眼球的狂妄者。
而他自己却相信：“作为文艺批评者，我从未批评错任何一个人！”

精彩掠影

1. 《红楼梦》的世界概括起来讲就是一个矛盾的世界，一方面是有无限的情感和美丽，而另一方面又是有无穷无尽的惆怅、失望。

2. 葬花词展示了这样一种人生：生命是短暂而脆弱的，最后的归属也是彻底的幻灭什么都留不下，你自己留不下，与你相关联的世界也留不下，因为都变了。

3. 所以我说《红楼梦》是写人生的一首大悲痛诗歌。《红楼梦》带给人的感动就是它时时处处向我们揭示了一种生命的美丽、脆弱、有限，但最终又要幻灭的情感。这种情感是在假和真之间、无和有之间转换的。贾宝玉在大观园的世界是一个有情的世界，所以宝玉的眼中就是情感，而贾宝玉的现实生活又是礼法，又是无情的。所以有情和无情、真和假、有和无是纠缠不清、无法割裂的。

4. 中国要想从生命的有限和脆弱中解脱就要靠庄子的精神，就要把有限的自我放到无限的世界，让我们的肌肤和心灵向世界开放，才能得到一种与天地常在的自我超越感。

生态文明建设与能源发展

26

主讲人：石定寰

扎根基层，他无怨无悔；国家召唤，他忘我奉献。30 年专注工作，为的是祖国发展；大半生无私奉献，为的是民族期望。能源可以驱动机械，而他的正能量足以驱动千万人。他是中国梦践行的先锋，他是世界华人的典范。

他，就是石定寰先生。

精彩掠影

这个就是现代完全有可能通过信息化的技术做到的事，所以说提出了新的工业革命的五大支柱。一个是再生能源，一个是建筑物，一个是存能，一个是互联网，还有一个是交通系统。

建筑物，和我们微网的结合，和我们新的交通系统的结合，我觉得这个里面有很多的课题，包括小区、农村多方面的课题可以选，希望我们也是用这个信息，来推动我们这个学科的建设和人才的培养。

所以整个的全球的市场，大的变化是上升的趋势。发展的速度比原来缓慢了一些，但是这个大的趋势不会变，目前这种困境是一个暂时性的，也是让我们反思，让我们进一步调整，让我们进一步加强我们的薄弱环节，更好地使这个产业链能够更加合理、协调地发展，同时反过来更大的好处是启动了国内市场。如果没有国外给我们来这一下，我们国内价格那么多，还不知道什么时候可以通过了，因为中国的系统从去年国家能源局就提出了这个建议了，这个文件就是出来的，就是在各部门征求意见，征求了差不多两年了还没有出台，所以意见还不一致。

我们早在20世纪80年代，当时我们经过研究，其实有一个开发的方针，叫因地制宜，多能互补，综合利用，讲究效益。当时是在没有信息技术支持的条件下，提出了这个多方互补的策略。

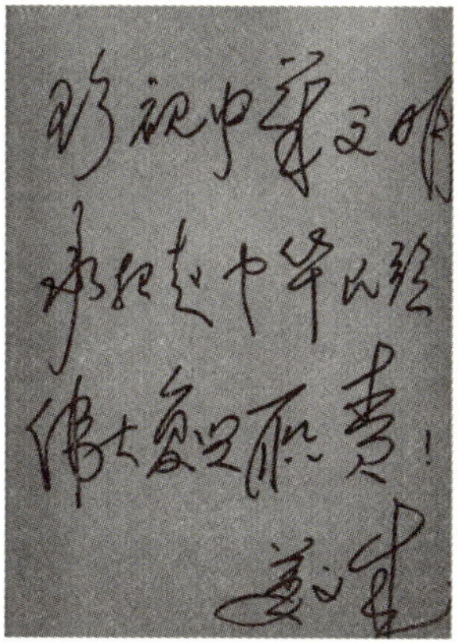

中华民族复兴的文化根基

27

主讲人：姜义华

他，致力于研究中国近现代史、中国思想文化史，兼及史学理论、近代中外关系史、中国现代化理论与实践；

他，十余次应邀赴日、美、欧以及我国港澳台地区出席国际学术会议、交流与讲学；

他，在专业领域多次提出自己独到的见解，建立起严密的理论构建；

他，就是复旦大学教授，上海历史学会会长，教育部人文社科重点研究基地复旦大学中外现代化研究中心主任——姜义华。

精彩掠影

儒家讲修身，齐家，治国，平天下。我们要承担起对家庭的责任、对社会的责任、对国家的责任以及对天下的责任，人生命的价值不是在未来人死了以后进入了天堂，而是在人的生命过程中间。

每一个人生命价值体现在你对社会、对家庭、对国家、对天下尽到了什么责任。所以在中华民族精神中间，特别强调的是天下兴亡匹夫有责，先天下之忧而忧，后天下之乐而乐，天将降大任而斯人也。也正是这样一种民族精神，使得当我们一次又一次受到挫折的时候，中华民族志士仁人能够秉持这样一种民族精神，抛头颅洒鲜血，热血奋战让我们的文明得到复兴。正是这样一种民族精神使得我们这个民族、我们这个文明所有的成员有高度的凝聚力，有非常强的战斗力，形成中华民族的核心力和价值体系。

中华文明走到今天，经历了那么长的历史的过程，我们今天需要新的创造，我们只有利用人类留给我们的资产，特别是我们的自己文明所有资产，经过我们的自己的消化，经过我们自己的头脑的思考，我们才能够真正有新的创造，使我们这个文明焕发出更加灿烂的青春。

中国预警机诞生背后的鲜为人知的故事

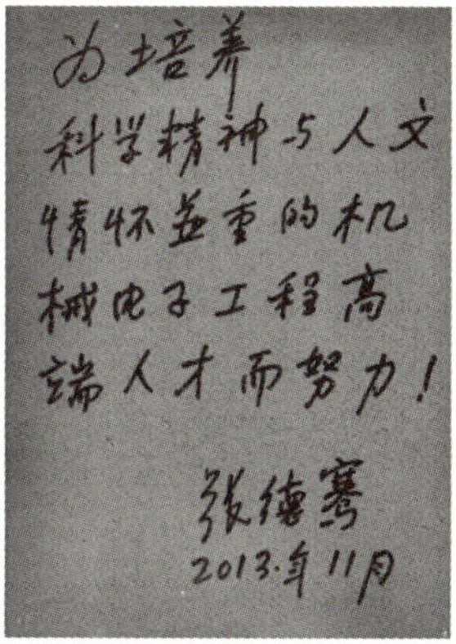

28

主讲人：张德骞

张德骞

外援断，内事患，临危不乱，自力更生克难关；
工期短，任务繁，废寝少饭，顽强拼搏尽强悍；
野心满，创新赞，剖肝沥胆，预警机翼蓝天展；
岁虽老，业未完，心路身传，育人以德百年灿；
除祸端，祛心坎，处事勿烦，勤奋信仰心上拴；
新秀苒，故人还，前熄后燃，泱泱中华孰敢犯！

精彩掠影

1. 预警机的精神表现在几个词：自力更生，创新图强，顽强拼搏。

2. 我们需要什么类型的人才，我们是需要科学精神和人文情怀全面发展的人才，既要有科学精神，又要有人文情怀。这样教育出来的学生会有更加广阔的视野，更加开朗。我们要有视野，要有深远的眼光和更加多元的思维。

3. 最有价值的是什么？是向前不断去摸索，真正有价值的东西在于有向前摸索的毅力。我的成功来源于夹缝当中求生存，当时很多人反对我的事业，但是我坚持，挺住了，所以我是夹缝当中求生存。

4. 做人一定要有信仰，有了信仰就可以坚持很多的事情，可以支撑我们去做很多的事情。

5. 大家知道社会生活是公平的，你想活得有体面和有尊严吗？但是世界上并不会在意你的尊严，而是要求你在自我感觉良好之前，先有所成就。

6. 人们的现实生活并非像电视一样，不是天天玩手机，而是必须埋头做自己的工作，是日复一日把手头的工作做到位而且要坚守自己的岗位。要具有勤奋、执着、为人类梦想而奋斗的品质。

7. 人最重要的能力是什么？最重要的能力是去思考，思考力就是对问题分析的力量，一层一层去剖析，真相才会大白。

最好的自己 在受伤中成为 青春易伤，更要坚强，

29

主讲人：一草

他是知名青年出版人，作家，青少年人生、职场励志培训师，北京作家协会成员，更是广东永正图书发行有限公司 CEO 兼总编辑。

他的作品《那时年少》《毕业了我们一无所有》畅销全国；

举办的励志讲座“从毕业了一无所有到年薪百万”深受广大学生追捧。

他就是著名作家一草——黄杨健。

精彩掠影

如果说一个男孩要走多少的路，才能成长为一个男人。那么对于女孩来说，促使她们这样蜕变的力量就是受伤。可以说一个女孩到底要受多少的伤，才能从女孩变成女人。

一个人永远不要把自己看轻，一个人也永远不能把自己看得太重。有可能现在很多人喜欢你，你听到的都是赞美之词，但是不要忘记有多少人爱你就有多少人恨你。当你有一天虎落平阳的时候，说不定那些曾经赞美过的人，就会来欺凌你。

成长和成功一样是没有捷径的，那么你所有的获得都是要去经历和付出的。所以很多人就说：哎呀！我的命真好，我轻而易举就拥有了我的同学、我的朋友奋斗二十年、三十年都拥有不到的这样一个物质。我说你不要太高兴，你只是在这个阶段，你幸运地少走了一些弯路。但是该交的学费人生路途上一个都不会少。

既然受伤必不可免，就不要去逃避，而是要勇敢面对，我们要在受伤中变得更坚强。要通过一次一次的受伤去蜕变、去成长，最终成为自己想要成为的那个人。

现在很多的朋友都问我说，这个社会到底怎么样，我要过得淡然，我要过得优雅，我要过得怎样？不可能，现实社会让你摔得头破血流。但是如果我们通过自己的拼搏、自己的努力已经获得我们想要存在的那种生活状态，我们是不是可以往回走一点点，我们是否可以换回我们曾经年青时候的那个梦想？

乐小米的文字故事

30

主讲人：乐小米

一直想过一种简单快乐的生活，希望微末如米般的幸福，都能让自己快乐，所以她叫自己乐小米。

侍奉文字，信奉温暖。满眼阳光和玫瑰，希望岁月静好。《凉生，我们可不可以不忧伤》，《梧桐那么伤》……她用凄美的故事陪伴我们本就梦幻的青春。

文字带伤，却双眸含笑。用心去体味生活的人才会在波折后仍然不失本心，相信幸福。她把这份细腻与敏感融入家庭、友谊、工作之中，收集着生活中每一个令人感动的细节，并把它倾注于文字，传递给万千读者。

这样一个看似柔弱的女子，却执着坚守着自己心爱的文字，不言放弃。因为她相信，坚持走下去，只要做到了极致，就是一种成功。

精彩掠影

你们问我一些选择，其实我是一个总是走着错误路的人，我唯一的优点就是错了我也走下去，希望把错误走到极致，那也是一种成功。

我觉得女人的伟大就在于以后她结婚了，她的大部分时间都要奉献给这个男人，奉献给家庭，奉献给孩子。所以她的私人空间，包括她友情的空间都被渐渐地挤没了。并不是她不重视她的友情，而是她把更多的时间奉献给了家庭。

最能打动我的爱情就是那些细节。我觉得细节之处见真章。一个人他爱不爱你，你多重要，能够通过细节体现出来。

当东方面对西方——医学新科技与人文冲击

31

主讲人：张隆基

儿时定下成为医生的目标，是为了能够拯救更多的生命。求学三十载，他虽没能成为一名医生，但却成为指导医生怎样去治疗病人的专家，走进了一个发展更广的研究性领域。“科技成果若不能用于人类本身就无法体现它的意义！”如今，他正身体力行实践着自己说过的话，并把转化医学带进我们的生活。

他就是张隆基，转化医学领域的代表专家，现为美国佛罗里达大学免疫治疗实验室主任，UF Health Cancer Center 免疫部主任，UF 医学院五大顾问参议之一，担任国际、美国、英国等 15 项研究基金的特别审议专家。已发表 200 多篇国际期刊和国际会议论文，其中 Nature 论文 2 篇，美国科学院院刊 PNAS 论文 3 篇，SCI 论文 90 余篇，他引 3500 余次，单篇最高他引次数为 358 次。张隆基教授被誉为美国癌细胞免疫治疗领域的领军人物，在免疫、基因、干 /T 细胞疗法、病毒和癌症治疗研究等领域在国际享有很高的学术声誉。

精彩掠影

1. 科学与人文之间具有紧密的联系，科技成果若不能用于人类本身就无法体现它的意义！

2. 医生是做什么的？是用来救生命的。这个从小是我理想，我的目标是长大要做医生。

3. 所以我从小的目标就是希望能够治好病人，让病人能够活久一点，让病人的生活得到改善。我很高兴在经过 30 多年的研究后，我今天能够真正去实践这件事情。

4. 转化医学就是把我们在实验室埋头苦干做的一大堆包括化学、分子生物学这些方面的实验应用到病人身上，变成对病人有意义的一种治疗方案、一种药物。在这个过程当中又从病人身上发现病人有的疾病。因为我们没有工具，也不知道怎么样去做治疗，所以我们要把它带回实验室去做研究，把这个问题给解决以后再带出实验室，这个就是转化医学。

5. 为什么讲人文？你如果有一点点慈悲心你就会明白。一个病人躺在床上，他不能吃，勉强可以从嘴角喝一点水，只有等死。手术已经动过了，肿瘤还是继续长出来。化疗已经做过了，没效。放疗，局部的放疗一做下去整个口腔黏膜破坏，那是很痛苦的。基本上他就只能趴在那个地方，他才三十几岁就要趴在那个地方准备等死。当看到这种病人的时候，你想不想找出一个答案，帮他做一个治疗？

6. 所以我们做很多科学研究，我们有人文关怀，我们治疗生命。在这个过程当中，你也会获得财富。因为你发展出来的东西，本身是对整个领域有贡献的。

7. 也就是说，转化医学在现在已经在很多地方开花结果了，也已经从基层的实验室发展实际应用到临床了，我们也看到了很多突破性的进展。那希望在座的各位，将来都能够参与这一项工作，经过多年的累积经验，能够把你学的东西，用来造福人群，用来帮助别人减轻痛苦，甚至能够救回一条生命。我常常在讲，有些人看到我做的研究，他说你做得不错，你可以得诺贝尔奖。我说，给十个诺贝尔奖，我宁愿换一条生命活着。我觉得这是更有意义的事情。

城市计算与大数据

32

主讲人：郑宇

敏锐视角，独特方法。
大数据在他手中像是一把利剑，
直插当今城市发展所引发的各种问题的腹地。
广泛，深入，复杂，多变。
海量的数据在他的分析与模型构建中展现出惊人的实用性。
他就是城市大数据领域的开拓者——郑宇。
一个在城市建设中把玩大数据的魔术师，
一个真正为人类社会发展而做出自己独特贡献的当代青年才俊。

精彩掠影

1. 大数据弥补了不同行业之间因为理论不同所带来的技术鸿沟。如果以前，可能做环境的人跟做气候的人，或者是做卫星的人很难沟通。但是现在我们都是一样的，我们可以通过数据层面做一个很好的桥梁，沟通不同的区域，之后弥补这个工作。

2. 计算为什么那么快？因为很多时候是很多东西在同时算，在很多的时候这种信息在某个特定环境下面就会形成交融、激发，就会产生新的概念。这里面不同的地方就是，它会从以前不存在的东西中产生新的东西。

3. 总的来说要做好数据的融合，要对数据理解，也就是对算法理解。我们要知道哪一个数据相关，为什么相关，我们要验证它的相关性，如果把不相关的数据放进来可能会增加成本。第二个数据相关的时候在于你要怎么去用它。特性是理解，不把所有的数据拼凑起来。然后要有一个算法模型。我们要知道什么样的模型适合做什么的事情。另外一个角度来讲，怎么理解模型？这个模型具有可解释性。这个举证的含义是什么？模型的含义是什么，它可以被解释清楚，为什么可以提高，都是有据可循的。总的来说要理解数据，理解算法，大数据的融合也是算法的融合。

艺术·人生讲座

Yi Shu
Ren Sheng Jiang Zuo

邂逅青春 与众不同

33

主讲人：刘同

10 年电视从业经验，历任《娱乐现场》《最佳现场》《娱乐任我行》等多档王牌娱乐节目总监。

“80 后”的新锐代表，《职来职往》人气职场达人，观点独特，一针见血且不乏幽默感，善于发现年轻应聘者身上所具有的闪光点并给出职业建议。

“90 后”大学生最欢迎的作家，青春哲理小说代表性人物，出版《谁的青春不迷茫》及《五十米深蓝》等多部畅销小说，同时著有《这么说你就被灭了》《职场急诊室——谁没一点病》等职场励志畅销书，并为多家杂志撰写专栏。

精彩语录

1. 如果你没有逆袭的话，你连被称作屌丝的资格都没有。
2. 我们为什么会生气？因为我们觉得别人说的可能是对的，只是我们心里不愿意承认。
3. 人年轻的时候，为了实现自己特别想要追求的东西，真的会用尽任何手段，不怕丢脸。

如果没有逆袭，你连被称作屌丝的资格都没有

我特别喜欢看一个漫画叫作《灌篮高手》，里面有一个角色叫樱木花道，他一开始被人瞧不起，然后一步一步靠自己力挽狂澜，拯救了整个球队，得了冠军。当时特别羡慕他，觉得他特别帅，就总想用什么词形容他，把他作为我的目标。我想樱木花道是我的“英雄”，后来觉得“英雄”这个词太土了，得换一个词，叫“中流砥柱”，感觉也不太对。这几年才发现他有一个名字叫屌丝，我之所以爱这部剧，就是因为他是一个屌丝逆袭类型。我对屌丝这个词特别有好感，因为我觉得这是一个褒义词，任何一个被称为屌丝的人，他一定会逆袭。如果你没有逆袭的话，你连被称作屌丝的资格都没有。所以草根们，你如果没有逆袭的愿望，我觉得赶紧从我们屌丝的队伍里面消失吧。

我也有屌丝逆袭的梦想。后来我为了想让自己帅一点，就去学打篮球，像我这种身材根本不占任何优势。然后初中的时候我就不停买周报，不停地看一些篮球队，把他们抄下来，把这个本子放在课桌上，就特别希望全班的同学可以不经意看到，说我是多么了解篮球知识。因为那时候我觉得，当别人知道你懂这个东西的时候，别人一定认为你打篮球很厉害。但是实际上不是这样的。我记忆犹新的一件事情，就是高考，有媒体就说，刘同这次的作文题目是《论马刺的夺冠之路》，请问你要对这个作文题目发表什么意见？当然我本来就不爱篮球，也不懂，然后我就问“论马刺的夺冠之路”是什么东西啊，我就问我周围的同事，他说就是马刺，就是那种骑在马上的一种刺。我当时真的信了，幸好我没有写这个。后来我才知道马刺是一个球队。所以你知道在篮球方面，我是完全没有任何特长的，然后就放弃了。后来我就特别想成为一个钢琴家。你可以想象那个画面，当你和你喜欢的人一起走进五星级酒店的大堂，那边有一架钢琴。你特别不经意地走过

去，优雅地把钢琴盖打开，然后坐下来，不经意地开始去弹一首乐曲。我想成为钢琴家的时候，根本不知道谁是肖邦，谁是柴可夫斯基，我那时想如果我能弹一曲 F4 的《流星雨》多棒。后来我才知道，原来用钢琴弹流行歌，真的会被人鄙视的，然后钢琴也失败了。

当你改变一件不愿承认的事后，它就没有那么重要了

有一段时间我比较爱看 TVB 的港剧，我那时候才知道，原来就算一个男人长得不好，如果他口才好也会显得巨帅，于是我就很想考律师。但是高考成绩不好，没有考上政法大学，也就失败了。我最近想成为那种英文特好的人。因为有很多人说刘同以你这些条件，你在国内很难有发展。如果你的英文很好的话，你可以走国际化的路子。所以你知道我在大学的时候，天天背英文单词。当时 6 级考试的英文辞典中所有单词的意思，我没有一个不知道。我就去参加考试了，47 分。后来我就觉得，背英文单词有点行不通，他们说一定要背作文才行，我就背了好多作文，结果考了 53 分。对于英文这件事情我真的是越挫越勇，我就使出了一个杀手锏，找了一个英文好的谈恋爱。我听说，如果你要练好英文的话，跟另外一个人用英文吵架，你的英文水平会立刻提高。但是每次吵架的时候，她还是用中文跟我吵。后来没办法，那只能找一个外国人谈朋友才行。所以我就用一些国外的交友软件，要命的是那些单词和句子我根本就读不通，我根本不知道怎么样跟别人聊天。所以这件事情也就放弃了。

对于英文不好这件事情，一直是我心里特别大的一个障碍，我觉得我真的不愿意承认这个事情。后来参加了《职来职往》，就有很多从海外归来的人来求职，他们每次都是用很洋气的英文做开场，讲了很多之后，17 个人全举手，有很多想要用英文跟他们去沟通，唯独我一个人默默地低头，心里的独白是不要叫我。但你知道世界上有的朋友就是这样，你越不想提，他就偏偏要叫你，比如李响，这时候，李响就会说，刘同，你给我们翻译一下。前两次的时候，我真的是超尴尬，因为你代表一个公司，站在台上，你的英文很差很烂，我就觉得很丢脸，但是次数多了以后我就喜欢了。有些伤疤你虽然不愿意提，但是如果你完全阻止不了他不断地戳你的伤口，你就不痛了。我觉得这个方法特别好。当你改变了一件不愿意承认的事情以后，这件事情就对你而言就没有那么重要

了。我 30 岁之前没有出国，我们公司有很多出国的机会，但是我永远把出国的机会让我的同事，美其名曰你们年轻应该多出去走走，我留家里工作就好。但其实是因为什么呢，因为我怕出去之后就回不来，因为我英文真的很糟糕。

直到后来这两年，我学习了这件事情，在我真的了解了我的英文有多差以后，终于有一天我做了一个决定。我要去泰国，因为泰国人英文也不是那么好，我就跟了一个英文比我更差的人一起去，我记得那天我们去了商场里面，走散了，但是我身上没有现金了，我要找提款机，我比划半天他也不懂，然后我就跟他不停地比划，但是对方根本听不懂。然后我那个英文更差的朋友走过来就跟他说 ATM。我当场就崩溃了。所以有时候对于我们特别不愿意的东西，我们总是想用特别复杂的方式解决它。但是反而用最基本的和最简单的方式就能解决，只是我们想得太多了而已。后来对于英文这件事情，我就释然了，因为我愿意承认它了。以前别人说我的英文很差，我长得丑，我的写作能力很低的时候，我就很容易生气。后来我思考了一下，我们在年轻的时候，别人跟我们聊天，我们为什么会生气？因为我们觉得别人说的可能是对的，只是我们心里不愿意承认。

比别人更快了解自己很重要

当你年纪越来越大的时候，你会慢慢知道你是谁，你能做什么，你不能做什么。当别人再跟你讲这些东西的时候，你就不会再生气，因为你知道你是谁。我觉得这点非常重要。我觉得在我 20 多岁到 30 多岁的过程当中，对我影响最大的一件事情就是如何比别人更快地去了解自己，这件事情比较重要。

我高中的时候是一米五几，很黑，很瘦。我永远是穿校服，所以他们会觉得我是异类。那时候他们从来不跟我玩，然后我们班女同学从来不理我，我爸从来不给我零花钱。我父母不理我，我们老师也不理我，你会发现全世界的人都不理你，我每天活得特别无聊。我们常常觉得自己一个人待在那儿是没有安全感的，我们必须通过别人的认同来找到安全感。那个时候我做了很多事情去讨好男同学、女同学、老师和家长，我发现一点儿用都没有。我记得 17 岁那一年，有一天上课的时候我突然拿出来一张白纸，给自己定了一个话题，就开始写，为什么我每天只穿一套衣服，为什么我永远都没有零花钱，为什么男同学不理我，女同学不理我，老师不理我……我那时候觉得全世界都不理我，我一直在看，我看着看着，突然发现一个特别奇怪的规律，困扰我的这一个问题是我上一个问题的答案。我们班的男同学不理我，是因为我没有好看的运动服。于是我把男生这条划掉了。我每天都穿同一件衣服，是因为我父母不给我零花钱。我就把没有好看衣服穿这条划掉了。我没有零花钱的原因是我父母不理我。我的父母不理我，是因为我的老师从来不理我。然后我就把父母不喜欢我这条也划掉了。女同学不喜欢我这个很简单，那个时候，所有人都不喜欢我，为什么她们要喜欢啊。因为她们很“势利”的，所以我把女同学这条也划掉了。最后发现，所有困扰我的问题来源于老师不喜欢我。为什么老师不喜欢我，特别简单，就是我的成绩很差。然后我就把成绩很差写在旁边，我突然发现，困扰我 17 年的成绩差的这个问题，从来不曾困扰我。

你明白那个感受吗？我一直认为困扰我的这 6 个问题，一直让我每天生不如死的问题，根本就不是这些问题，而是我从来不在乎的东西，而那个我不在意的东西，导致我每天就特纠结。我相信每个人在成长过程当中，多少都会像我那样，一生当中总会有 3～4 个这样的过程。就是在那一刻你突然发现，你的生命分成了前半段和后半段；在那一刻你突然醍醐灌顶，你恍然大悟，突然发现很多事情的事实和本质是什么。原来有一天我突然看到了一个本质，突然了解了一个人。

我们年轻的时候总看不到事情的本质，我们永远觉得这不好、那不好，所以我觉得如何去找到一个事情的本质，如何去培养这个能力，也需要技巧。为什么有的人一个错误，他一辈子就只会犯一次，但是为什么同一个错误，有的人会一直犯一辈子。到今天为止，我个人认为我们身上最大的误区和我们最难做到的事是：第一，我们是否愿意知道我们的错误，第二，我们是否知道如何改进它。我觉得这两点对于我们是非常重要的。

固化思维导致我们永远无法突破

前段时间有记者问，刘同，你 30 岁出头，在公司的职位还有点小高，这是为什么？我想了半天，觉得有一个很重要的原因就是这么多年以来，我们老板让我做任何事情，我从来不会第一时间说，好难，我不会跟他说不会。我们老板找我做一个事情，不管他那个事情是否能做，我永远都是说，好好，行行，我先去了解一下，然后再给你回复。

每次老板跟我提这样的事情，我立刻去做，最后发现，即使我做不到，我说老板是这样的，我了解了一些情况，我找了 A、B、C、D，做了这些事情，最后发现他们都不行，但是我不认识 F，你是否认识 F？这个事情在我这进行不下去了，要不你去弄？然后老板跟我说 OK 没问题，我来。其实老板根本不在意这件事情你做得成功还是失败，他在意的是你是否认真、努力去把这个事情改变。所以我觉得乐观的心态真的可以改变很多的事。换一个思维去思考同样的事会非常好。

去年发生了一件特别惊险的事儿，我的处理方式真的救了我一下。我们去年投了一个黄晓明演的电影叫《匹夫》，有一天我们集团大老板跟黄晓明他们开会，好多人坐一起，那时候我要做一个娱乐大典，是有一个 200 万的估算，我当天必须要 10 分钟之内搞定，不然来不及请艺人了。然后我就跑过去跟老板讲，我说老板你帮我看一下，批一下，5 分钟之后我可以直接走了。老板就说不行，等一会儿吧。因为我特清楚，他们一讨论剧本就是讨论一两个小时，根本来不及，我就没有走。我就说老板两分钟你看一下就 OK，这时候大家都停下来看着我，然后老板说，你没听到啊？不行，等着去。我有点挂不住了，我就突然觉得，我该怎么办呢？我们老板给我补了一句话说，给我滚，赶紧滚，我当时就觉得冷汗就出来了。你知道我已经 31 岁了，我也是我们公司副总裁，而且大家平常还很给面子的，然后我正在想我怎么办的时候，我们老板又补了一句话，你滚不滚。我真的觉得我的职场生涯到那儿就结束了，我所有努力都毁在那一刻了，我不知道怎么办，我突然就跟他讲说，你不要任性嘛。然后所有人全笑了。然后我们老板脸突然红了，然后立刻拿着说你赶紧走，我走之后跟自己说，哇，真的太惊险。后来我就发现一个原则，好多时候我们跟别人争论，真的不是因为这件事情的结果对错，而是我们有没有给对方台阶下，以及我们是如何给对方台阶下的，这点是非常重要的。

当你人生发生很多事情的时候，你必须要习惯去总结它。当你总结完它之后，你就会发现，你发现了一个通往很多人内心的途径，你会发现很多事情变得不太一样，这个事情没有那么和你作对，它会变得更加自然和有趣起来。

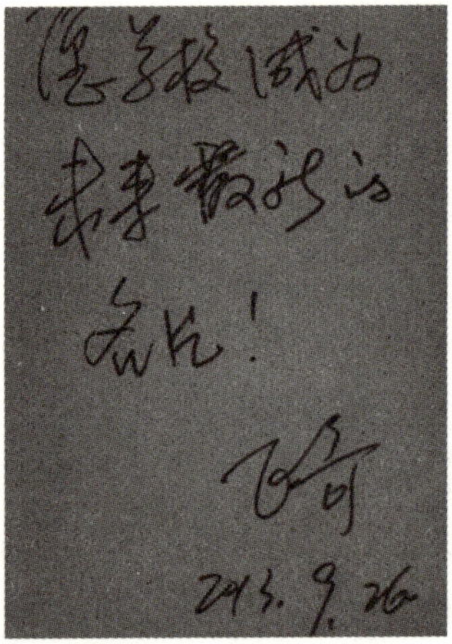

34

主讲人：飞哥

飞哥，本名吕毅，现主持成都交通广播《飞哥欢乐派》、成都电视台《吃喝玩乐全接触》等节目。主持风格风趣幽默，号称“天府食神”。他用方言主持的餐饮节目，引发了四川的“主持人方言热”。同时担任成都餐饮同业公会副会长，相继获得“成都广播电视台金牌主持人”、“成都人民广播电台十佳主持人”、“成都文明大使”、“成都亲民使者”等荣誉称号。

精彩语录

1. 通过这么多年，我吃了 7000 多家，7000 多家餐饮老板里面，我真的是看到了人生百态。
2. 只有通过一些事情我们才能了解人生，了解我们所面对的社会。

给大家讲，现在成功的人，当时一定想好了想做一个什么样的人。而且作为一个电台工作者来讲，我当时又是讲方言的。我一个部门主任说我们试一试用方言讲。我说万一如果犯罪了，如果要判的话，要判三年，但是我觉得人总得尝试什么事。我们什么都没有，就拿着那个书来说，只是把书上的文字变成我们的语言，在这种情况下，我们拿着书这么讲，过了一个多月，每天就这么讲，也不敢开热线电话，假设人家问你，我们说什么？我们晚上是王子，白天就是厨师，我们能说什么？我们也不敢开口。

我们做了差不多一个月，有一家“味道江湖”。那个老板是我晚上的粉丝，女朋友都没有。他有一天突然听到我在说话，他觉得不可思议。因为晚上人的心情不一样，比如说“各位，您好吗，今天晚上你一定要想你的家，你的妈妈，你说你失恋了，人生是一个过程，许多失恋的人最后找到了爱情，所以不要不相信爱情”，我晚上是这样说话的。

我的声音被那个老板听到了，他就给我打电话，他就说有人在模仿你，白天也有人说这个事情，我以为是说晚上的事情，我说你听了啊，他说我听了。现在的“味道江湖”以前名字叫作“苗寨五土鸡”。后来他说你帮我说说吧，我们就有了第一家客户。因为那会儿要报暗号，三个人一定姓什么，要对一个暗号，对上暗号才能打 8.8 折，最后造成什么情况？那个店天天排队！再过了几个月，从 2002 年开始，我做这个节目差不多 12 年了，也算有点口福，吃了 7500 家。然后随之改变的是我们对这个世界的爱好以及对这个世界的很执着的追求，以及高尚的人品。

为什么？很多路上都是卖吃的，我们现在很拽了，抱着钱，抱着现金上我们的广告。那个时候我觉得一定要有一个做人的底线。比如说成功是什么？整个大成都有 68 000 家饭店，还有很多门口没有招牌的，在这 60 000 多家，我们吃了 7000 多家。有钱的老板，忙碌的人们，在我们电视节目播出的时候，在中午 11 点半到下午 5 点半播放的时候，要不残疾人，要不就是没有事的人在家里看电视，忙碌的人一直没有看到。所以因为这个，我们电台在下班时间有了伴随性。我们每天讲的东西让你觉得新鲜。所以说在 2008 年成都地震的时候，我们做了一个调查，就是因为我们这些“吃货”，地震期间，整个成都的餐饮没有受到太大的冲击。

而且我觉得很多人讲，“美食要改变我。”我也希望改变你们。在 2008 年 5·12 地震之后，因为地震，成都其他的通信也没有，报纸也看不见，媒体也看不见，只有电台，我当时做这个工作很神圣，现在回想起来是一生难忘的。那天下午在川大给研究生讲（其实我以后想讲一个课叫“说话的艺术”，因为很多同学在毕业之后会找工作，其实你要会讲话，也许你的生活就会变得不一样），在跟研究生班在一楼讲课。当地震来了实在晃得太厉害了。我们出来的时候，不知道会发生那么大的事情，我们出来之后，外面人很多，车都开不出来了，我就借了同学的自行车，电台离川大的老校区不太远，我们骑车的那个场面很感人。

通过这么多年，我吃了7000多家，7000多家餐饮老板里面，我真的是看到了人生百态

因为当时的人们都已经蒙了，大家都不知道怎么回事。只有聚集在我们的电台门口，我们的直播车停在门口，买了很多音响。无数人看着我们的院子，因为那个时候报纸、电视都没有马上出来消息。我记得当时进那个门的时候，黑压压围着上千人，大家都说飞哥来了。当时我觉得作为一个媒体人有一种自豪感。进了电台大门，我们只能在直播车里面。我在想那个时候我的声音风格会不会让人感觉没有权威性。我马上就调整了，平常讲四川话，但到那个时候整个声音就变了，那个时候面对这种事情，我很快就镇定下来。从这个事情发生以后当天晚上开始，我看到所有的餐饮老板，第二天上午19辆车，拉着各种各样的饭菜就过来。因为美食，改变了我对人生的看法，其实那个时候那些卖饭的老板，没有什么素质，只知道赚钱，我平时对他们这么看的，那天出了这个事情以后，我对他们的看法改变了。

这些餐饮老板说飞哥说我们该怎么办，我们就怎么办，然后19辆车拉着饭菜浩浩荡荡地来了，而且这些餐饮老板说平常赚了人家那么多钱，现在该回报人家了。当我们把饭送到那些人手里的那瞬间，那种心理的满足，那种欣慰，我觉得我们得重新看待这些卖饭的人，其实他们非常有社会责任感。通过这么多年，我吃了7000多家，7000多家餐饮老板里面，我真的是看到了人生百态。

我认识各种各样的人，美食改变人生，有时候看到某一个饭店的老板，可能他就是一个卖饭的，也可能他想有一个很好的明天。在跟他们接触当中，我就慢慢发现了，其实有些开饭店的老板，他们是用这样一个平台来调整他的人生。我曾经认识过你们的校

友，你们的校友有的做得很好，有做大企业，也有在餐饮方面做得很好。其实我以前觉得有一门手艺就可以开一个馆子，经过这么多年，我发现了其实做美食，尤其是做餐饮，是一个系统的工程。我们有些人非常厉害，有一个女孩子非常非常漂亮，在成都高新桥开了一个卖鱼的火锅店。有朋友说帮忙推广一下，我就去了。那个火锅店很大，当时门一推开我发现整个场子里面只有一男一女在那里。我不认识这个女老板，是人家介绍认识的。

我就开始吃饭，我问她开了多久？她说：不长，才 7 个月。我说生意怎么样？她说：最近好了，上个月才亏了 15 万。她说今天还好，有一桌。我觉得那个鱼味道不难吃，为什么就没有生意？她说不晓得。但是介绍我去的那个人就跟我讲，王姑娘她说就喜欢餐饮，她爸爸是成都空军司令，我跟王姑娘聊天，我说你为什么要开这个店？她说我不靠男的，不靠爸爸。我说这个火锅店开了这么长时间，亏钱吗？为什么想要开这个？她说我想吃鱼。我说外面那么多卖鱼的，你可以去外面吃鱼。她说去别人店老排队，我就自己开一个。我说你管理方面怎么样？她说她才不管，每天就买菜回来，我说这样肯定不行的。我就给她提了一些意见，我说花 2 万块钱到民企挖一个经理。我最后劝她，在我的劝说之下，她说原本计划她在瑞士赚回来的钱亏两百万都没有问题。后来在我的劝说之下，她亏了 70 万就走人了。

只有通过一些事情我们才能了解人生，了解我们所面对的社会

最后我再见到她的时候，她就说在她卖饭的阶段，对她的人生真的是产生了非常大的变化。她没有想过人情世故，他爸爸那些手下原来关系挺好的，开业的时候大家也去捧场了，后来她的朋友也说天天要来，也没有来。她就觉得人们不会因为你所在的位置而眷顾你。只有你的东西真的好才来，她说就这个事情使得她重新认识了身边的朋友，包括父亲的这些朋友。所以通过一些事情我们才能了解人生，了解我们所面对的社会。美食对我们而言，我想跟大家一起来分享，我不晓得同学们，不管有钱还是没有钱，你们算不算好吃之人？你们都是全国各地来的。在你们的记忆当中，如果你们明天离开成都了，可以说出几样让你们难忘的成都美食吗？

我相信很多同学都会说火锅、麻辣烫。这里有很多外地来的同学，我现在说这个话题跟爱情有关，除了爱情之外，大家肯定都想留在这里，其实一个人对一个城市的感情，一定少不了对这个城市的美食的记忆。今年春节，我们组织去了柬埔寨，据说柬埔寨有一个人炒的回锅肉好吃，我们本来说去 40 个人，结果有 90 多个人报名。以后同学赚钱了以后，也可以随时关注，我们带着大家去柬埔寨吃回锅肉，玩 6 天，一个人 3000 块。我们 4 月份带着成都喜欢吃海鲜的人去了泰国的普吉岛去吃泰国菜，一个人 7000 块。我们在 10 月份国庆之后，带好多人去 6 个国家，在地中海邮轮上吃美食。其实走南闯北，一个地方留给我们最深刻的回忆就是那个地方的美食。

所以今天在一起，我觉得其实每个人心中都有自己认为最好吃的东西。不知道你们命运是什么样的？我记得在好多年以前，我到四川省旅游学校去跟同学们见面，有一年我去埃及的时候，我差点迷路了，我碰到一个姑娘，结果她回来讲了普通话，她说老乡你在我们旅游学校讲过课，现在她是国家旅游局外派到埃及工作的。她说那天跟我们讲的这些内容，对大学学生走入社会有很大的帮助。因为太多太多的人不太会讲话，可能你是一个心特别好的人，也可能你是一个能力特别强的人，但是不会讲话会限制你的发展。现在很多老板都会知道这个问题。我们也会有很多的同学来应聘，其实现在从网上可以调出很多很棒的简历、推荐信。我们看到很美丽的文字、很美丽的图片，你都会觉得那些都有点虚。

你们电子科大有一个同学跟我讲，他说我们这些学理工的人不太善于表达，但是他开这个咖啡馆的目的就是锻炼讲话。因为原来他学建筑，所以专业很不错，但是谈生意谈一笔亏一笔，结果他们的单位觉得他没有用。他实在没有办法，因为太不会讲话，所以他跟我讲，开一个咖啡馆。他说我就是这么想的，我就是来锻炼自己说话的能力，因为我要不断地接触人，我要跟这些人讲话，我要学讲话。

书法艺术与科技文明

35

主讲人：郭强

他，执刀治印，定韵于金石间。
他，挥笔书文，留雅于宣纸上。
依乘巴蜀之风，倚托西泠之魄，
用行动诠释，
一方印里话千古，
一寸纸间谈春秋。

精彩掠影

1. 经常用其他的文明来说他们的核心价值，用他们的发展路径来要求中国忘记自己的历史，忘记的自己的传承，来按照他们的目标，按照他们的这样一些核心价值来慢慢改变我们。但是实际上我们看到世界上所有的文明中间，即使西方文明形成和发展保持得那么强势，也形成不了原生态文明，在美国甚至更少。

2. 在学习西方、苏联的过程中，充分肯定了它们的成就，但是实践一而三、再三而证明了在中华文明这样一个土地上，想用西方的模式、苏联的模式来改变中国的命运，来发展我们自己，这条路是非常困难，很难取得成功的。

3. 我们一直讨论从实际出发来选择自己的发展道路，包括中国共产党人，包括毛泽东也曾一直在思考怎样走中国自己的道路。但是真正把这个问题想得更加清楚，在这个问题上有更加成熟的思考是在改革开放 30 多年以后，我们确定中国必须走具有中国特色社会主义的道路，这个也强调了社会主义道路，强调了中国政策，实际上要走出中国自己的道路，就要从中国的历史和中国的实际出发去寻找我们自己的道路。

川剧变脸艺术

36

主讲人：彭登怀

川剧变脸，数不尽的花样与精彩；
脸谱之下，道不完的汗水与坚持。
他，曾以二十五秒变完十四张脸创造世界纪录；
他将变脸艺术传遍大江南北，多次接受国内外媒体采访；
投身变脸艺术，与影视结缘；
他曾收刘德华为徒，并在《笑傲江湖》中出演青城派掌门；
40 岁才开始学习变脸的他，究竟有什么成功的秘诀？
是运气？还是一步步的钻研探索？
他，就是四川省明星联合会会长，中华绝技艺术团团长——彭登怀。

精彩掠影

1. 世界上哪有心想不成的事，哪有万事不如意的事。从佛学的角度，心想事成是一种意念。从现代学的角度，它是一种追求，一种目标，一种艰苦奋斗的目标。我今天在这里给同学们讲课，前两天我不做准备是不行的。我今天讲完课，明天同学们也不能成为百万富翁。所以我在这只是激励同学们，一定要努力。

2. 人生一定要选择做正确的事，关键是要正确地做事。简而言之，在座的当代大学生上大学这条路是你们自己选的，这条路是正确的。怎么正确地为你的事业奋斗才是最重要的。

贝多芬交响乐综述与赏析

——纪念乐圣逝世185周年

37

主讲人：卞祖善

他，一根指挥棒，勾勒出艺术的殿堂。

他，风度翩翩，总是沉醉音乐的海洋。

他让来自华夏的乐章在世界飘荡；

他让来自世界的乐曲在中华大地回响。

他就是国家一级指挥——卞祖善。

一个走到哪里都忘不了指挥棒，走到哪里都能受到最热烈赞扬的音乐家。

与其说他是一位伟大的指挥家，不如说他是一座传播中外音乐的桥梁。

精彩掠影

1. 他4岁开始跟父亲学弹钢琴，5岁便自己创作各种小曲，6岁开始随父亲演出，这完全是不可思议的。莫扎特共写了64首交响曲。有人这样形容他的音乐：行云流水，乐如泉涌，鬼斧神工，浑然天成，毫无雕琢痕迹。甚至有人说莫扎特就是音乐。

2. 他的童年是幸运的也是不幸的。父亲是个音乐家，同时是个酒鬼。父亲不恰当的方法让音乐差点成为贝多芬的敌人，很幸运贝多芬坚持下来了。

3. 贝多芬做了音乐史上的重大改革。在贝多芬之前，莫扎特也好，海顿也好，他们创作的交响曲从创作到演出都是为了皇族、贵族，是为了统治阶级而存在的。而贝多芬有自己的人格，他虽然接受这些皇族贵族的援助，但并不失去自己作为音乐家的人格。一次，贝多芬与歌德走在街上，贵族们过来了。歌德对贝多芬说我们让他们先过，贝多芬偏不，他说："他们这样的贵族多的是，而我贝多芬只有一个！"

3. 这还不是真正的贝多芬，只是海顿、莫扎特的优秀继承者。第三交响曲才是真正贝多芬风格成熟的标志。贝多芬原本题词：献给拿破仑。但在拿破仑称帝后，贝多芬愤怒之下划去了，改为：献给一位伟大的英雄。因此第三交响曲又称为《英雄》。这部交响曲一共四个乐章，第四乐章是主题的一个变奏曲。第二乐章是《葬礼进行曲》，表达的感情是崇高的、深邃的，不是个人的哀怨，而是整个人类社会的巨大哀痛，鼓舞人们向巨大的目标奋进。曲调中洋溢着战斗的气息和自由奋进的理念。

4. 贝多芬在交响曲第一乐章的开头，写下一句引人深思的警语："命运在敲门。"贝多芬说："音乐是比一切智慧、哲学更高的启示。"《命运交响曲》是演奏最广泛的，可以说如果哪个交响乐团没有演奏过《命运交响曲》，那么就不能称之为交响乐团，如果哪个交响乐爱好者没有完整地听过《命运交响曲》，那么就不能称之为爱好者。

川江号子

38

主讲人：朱中庆

顺岷江而下，听民间之音。
跌宕起伏是众人拉纤的激昂，
一字一句是川蜀船工的辛劳。
号子是他们的劳作，也是他们的自赏。
变化的韵律，自由的唱法。
朱老先生，
展现了这片历史的变迁和沧桑。
一曲川江号子，
唤醒起消逝的古老记忆；
一曲川江号子，
传承了深刻的文化食粮。

精彩掠影

1. 当我们首次接触号子时，我们感到震撼。所谓号子的形式，就是一个船工，叫作号工，又称“号子头”。

2. 船工呢，演唱者是他，听众也是他。就是说，他把音乐的这种欣赏性提升到了另外一种层面。

3. 但是，于他而言，唱和欣赏是同时的。所以他的歌曲中掺杂了他的欣赏、他的感受和他的劳动。

古老的川剧

39

主讲人：张凯

他，出生于北国美丽的牡丹江畔；

出于对中国古典戏曲的热爱，他留在这片巴蜀大地与古老的川剧结下了不解之缘；

他是川剧文化的探索者与捍卫者；

他对中国古老川剧艺术的传承与发扬做出了重要的贡献；

他就是现四川省川剧艺术研究院音乐美术研究室主任，我国著名的川剧研究专家——张凯。

精彩掠影

所以说国家现在出了很多的人力、物力、财力来解决这个问题，其实我们国家现在正在做的，就是想办法留住我们的传统文化，把我们过去的一些记忆保留下来。

川剧脸谱和京剧的脸谱，主要是京剧的脸谱更加形式化，更加规范化，它形成一个模式以后，如曹操的脸谱出现，后面就很少出现。但是我们川剧曹操会有很多很多不一样的脸谱，因为在民间每个人画的是不一样的。

实际上我们川剧并不是一个简单的戏剧，外省的什么民间音乐进行融合。其实这个刚才说了是一个比较早的说法，或者是比较官方的说法。实际上川剧的产生是跟四川的人变动和人的内心世界相关的。我们四川的川剧是因为我们四川的人面对不同方言区针对他们去互联交流。川剧是为了方便人的交流，所以他的五腔，还有音乐的融合这块进行交流更方便，适合我们这种情况和这种情况是有重要的关系。川剧非常生活化，和京剧是一样的，比京剧更贴近人们的生活。

在这样一个理工大学里面，除了技术上有你们自己的技术以外，还应增强你的文化底蕴，有这样的机会认识到更多的传统文化，有这样的机会以后希望通过它增强你自己的创造性能力。然后希望你们在这样一个环境里面能有所收获，如果你们有机会，到国外去发展，你们在国内成为一个非常棒的专家以后，你们的眼光绝不会停留在一个纯技术上面。那时候我们希望你能够对艺术的或者是对文化的认识，可以站在一个更高的平台上。

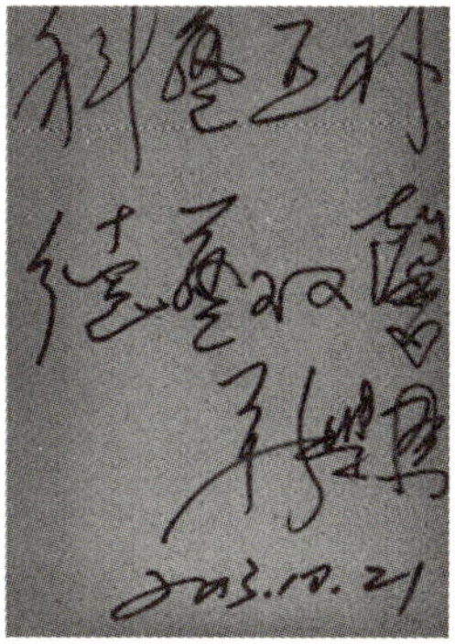

40

主讲人：靳学东

高山流水、鼓瑟吹笙，
民族音乐的美与情思，用心来体会。
凤箫鸾管，品竹弹丝，
民族音乐的传承与发展，业精于教育而永不止息。
天津音乐学院副院长、中国音乐家协会理事，
然而这些地位浮名都不能桎梏于他——靳学东。
他不仅是音乐与美的大师，
更是带领无数中华儿女领略中华美乐的先驱者！

精彩掠影

1. 中国音乐好在哪里？其实中国音乐不仅是三好，今天的时间主要是谈三好。一个是精深博大，第二韵味独特，第三意境高远。

2. 中国音乐不仅意境高远，从伯牙绝琴到“瞎子阿炳”，皆尽音乐之善、扬音乐之美，而且韵味独特，艺术家们具有别具一格的线性思维。中国音乐不同于西方交响乐的恢宏和磅礴，它除去了刻意与繁复，以简单的“宫商角徵羽”谱写出最动听、最美妙的曲调。

3. 我们在保持中国音乐文化传统的时候，也在借鉴西方音乐的多重手法来发展我们的音乐，这个是无可厚非的。但是所有的音乐文化当中，我们一定要知道保持自己的文化传统，不然的话，我们就会丢弃我们的传统，我们就失去中华民族音乐乃至文化的特色。

科学与艺术的融合

41

主讲人：沈致隆

沈致隆，物理化学教授、艺术教育家。

不仅精通科学之道，也沉醉于艺术之美。

本科毕业于北大，在英国利物浦大学进修胶体化学，两次应邀赴美国哈佛大学教育研究生院访问讲学。

投身教育，培养人才，桃李满天下。

理性与感性的碰撞，抽象与具象的交融，逻辑与灵感的汇聚，

他带领我们体会人类文明结晶更高层次的统一——世界的理与美。

精彩掠影

1. 在《包法利夫人》里面，有这样一句话，科学与艺术，在山脚下分手，必在山顶上汇合。在文学复兴以前，科学和艺术是不分的，从牛顿发明微积分、英国的科学革命、工业革命开始，科学艺术分道扬镳了，但是福楼拜他说将要汇合，所以李政道他说他回国就在北京召开了第一届科学与艺术研讨会。

2. 处理好科学和艺术的关系，中国人民就能够创新，能够战胜外国人。我们要超过发达国家就在科学和艺术的结合上下功夫，重视教学的综合性，培养复合型人才和领域性人才。

3. 第一个内在联系就是科学和艺术都是需要勇于献身的事业，科学家和艺术家都是需要有献身精神的人。

4. 艺术和娱乐不是画等号的，但是在娱乐至上的这样一个时代里面，艺术就成了娱乐，娱乐也是艺术，艺术只为娱乐服务。

5. 第二个科学跟艺术的内在联系就是创新意识，科学和艺术都需要创新。

6. 第三个内在联系是美学意识。科学求知也求美，艺术求美也求真。这里头我引用庄子的一句话，叫判天地之美，析万物之理。说明在庄子心目中，天地很美，大自然很美，才析万物之理。

7. 你问物理学，物理学理论都追求美，你们物理学家的工作就是漫长的一生都在追求美。爱因斯坦 100 周年诞辰在美国举行纪念会，他已经是大科学家，到那去做一个演讲，讲爱因斯坦最重要的思想，留给我们最重要的思想不是相对论，是什么，科学理论必须美，这是比任何思想都重要的思想。这是狄拉克对爱因斯坦的纪念。

8. 科学与艺术的相互作用：科学需要想象和灵感，艺术需要逻辑和科学。

背后的故事
歌曲创作与歌者

42

主讲人：姜延辉

他是中国音乐家协会会员、中国民族器乐学会理事、美国海外艺术家协会理事；
他曾为韦唯、韩磊、满文军、戴玉强、谭晶、尹相杰、于文华、蔡国庆等知名歌手写歌；
他是全方位高产实力派词曲作家，在民族、美声、流行、少儿及戏曲演唱方面颇有造诣。
他带着音乐人与生俱来的才能，他怀着追梦者由内而外的骄傲。
为了一首歌他不惜得罪别人，为了音乐理想他不畏艰险颠簸。
他就是——姜延辉。

精彩掠影

1. 我如果不争取那一下，从北京站回来那一下，就没有今天。所以我只能告诉大家说，遇到一件事情，一定要努力到最后，哪怕不行也不遗憾。

2. 我告诉大家，只要你有实力，别怕有人不认你。

3. 这人没有名的时候你说怎么唱就怎么唱，他把腰弯下来，跟你讨好。现在我这一跟他说怎么唱，他说“我听听，我觉得可以嘛”。他这样，说话完全是这样的，但是等最后他们全录完了以后，某一位处长就说，姜老师你跟我们录一遍得了。因为我从来没想过我唱歌的事，我在幕后，就说：“那好吧，我给你们录音。”我就进里边去了。我也想就是一小样，随便想怎么唱就怎么唱。我就录完了，唱了一遍，补了一两句完事了，走了。但是最让我没想到的是，最后播出是播的我唱的，一点都没想到。可能他们在那听，我给他不断地说，觉得我说的有道理，可是最后怎么审查的，也没告诉我一声，就播出去了。然后从此以后，我就唱了好几首歌。

4. 可是这姑娘跟我拉手的时候，这手这么扣住不撒开，不骗你，我理解这心情。我觉得就好像，你给我带北京去，那感觉。

5. 这次我给阎维文打一个电话，他说你给我传真过来吧。过两天一问他，他说我现在特别忙。我说你躺在床上也好，你是坐在马桶上都行，你敢把这歌哼一遍，我让你明天早晨起来，无论你是刷牙、洗脸还是吃饭全是我这个旋律。他说有这么邪乎吗？有这么悬吗？我说你试试，结果他就上当了，他就拿着歌谱哼了一遍，坏了。第二天十点钟的时候，作词在广州给我打一个电话，他说姜延辉呀，阎维文早上就给我打电话，说你那歌曲子写得绝了，让我给修改修改那个词。说姜延辉这曲子写得特别棒，怎么怎么样，现在旋律都没办法改。

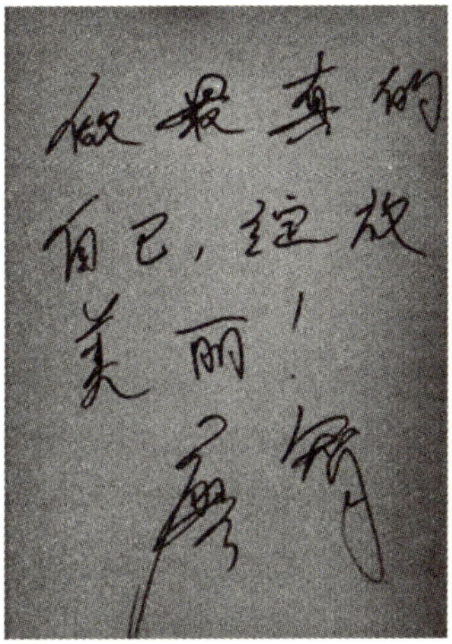

感谢生命的美意

43

主讲人：廖智

2008 年 5 月 12 日以前，廖智是德阳市一所舞蹈学校的老师。

在汶川地震中，她失去了 10 个月大的女儿，经过 26 小时抢救后，失去双腿，与丈夫离异。

但对于廖智来说，她的人生故事才刚刚开始。

从装上假肢到重回舞台，从重新站起到为灾民义演，廖智用五年的时间向我们展示了一个生命的重生。

2013 年 4 月雅安地震后，她奔赴抢险救灾一线当志愿者。

她永不放弃希望，创造了勇气和梦想的奇迹。

精彩掠影

如果你没有经历那黑暗的时刻，可能你就不会有这么不同的生命，可能也不会有驾驭这个生命的能力。

我认为一个人有任何梦想，如果你没有实践，你把它归结成外面的原因，那只能说你没有顺从你内心的声音，你没有听它的话。如果你听它的话，不管 10 年、20 年你都等得起，你也一定做得到。如果你顺从自己内心的声音，你就会脱胎换骨。

当你迈过难关，你会发现所接纳的东西，当时看起来像敌人一样的东西，你会因为它们而成为一个强壮的人。你会发现它们原来是朋友，不是敌人。我真的发现一生没有什么是敌人的，你认为它是敌人，是因为你把它树成敌人。你一生当中其实不断地会有很多朋友，我们活得不快乐，是因为我们把朋友不断地想象成敌人。所以多为自己树立命运的朋友，而不要为自己树立命运的敌人。

其实爱不会因为失去而完全停止，爱会因为你的给予而永不止息。一个愿意先去爱的人，才会发现人生充满了意义。

隐形的翅膀

44

主讲人：雷庆瑶

一双手的缺少阻挡不了她的人生，一颗心的热情给了整个世界温暖与力量。
三岁失去双臂，她用双脚承担去生活。
她的毅力不是一般人能够拥有的，她的不幸也不是一般人能够承受的。
做饭，洗衣，考大学，骑车，游泳，做演员，
走在各个角落她都要主演生活。
一位生活的赢家，一个积极的天使，一张阳光的明信片，
她就是对生活不离不弃，拥有隐形翅膀的雷庆瑶。

精彩掠影

1. 失去双臂我也觉得是挺可惜的，但是可惜，并不代表着不完美。因为人生正是因为有这样的可惜，才能够让足够的惋惜，让人去心疼，让人觉得刻骨铭心，所以才与众不同。
2. 我没有双手还有双脚，我还能做很多的事情。当时那是一个孩子，说出一些自己内心的想法。其实你不知道，你将来要面对什么。但是，当我想去做任何一件事情的时候，我有这个兴趣去做。
3. 你认为很难，那我应该做到给你看。我要比你强，我能做得到，当我站在同一起跑线的时候，那我们的位置在哪里。你有任何的理由和借口说，我做不到或者做不好吗？
4. 我身上很大的一股能量来源于什么？来源于这个世界的阳光雨露、一花一草，带给你的能量，带给你的美好，它给你生命注入了能量。我就是汲取了这样的能量，才让我去支撑到了现在。包括也让我在一片的质疑声当中，还能去坚定，去做我想做的一些事情。
5. 给予你很多更高，你觉得更高、更难的一些挑战，他让你去做，让你努力地去做。不管遇到多少的打击，你也要去努力地重新站起来，然后扬起你这边的嘴角，继续往前。所以我很感谢我小的时候孤独的历程，是因为这一段历程，让我在人生的最低谷、最深渊的时候，有了信念的支撑，也是跟我整个人生埋下了最初的一个种子。
6. 其实有的时候，学任何一件事情的时候，人是需要一种悟性，需要你去跟你所要去朝夕相伴的一些东西去对话的，就像你每天去面对水，你是要跟灵魂对话。你要爱上它，包括你要告诉它，它去带着你往前走，融为一体。
7. 我每个人都应该有梦想。绝对是有梦想的，但是为什么很多时候我们的梦想没实现，是因为今天我们有这个梦想，明天有那个梦想。或当别人再打击你一下，觉得实现不了的时候，这个放弃吧。明天又来一个，不现实，好像放过了。到最后你会发现，你一个都没实现，到最后你什么都没有入围。有梦想很容易，但是我们缺乏的是什么，是保持梦想的能力，去努力，去捍卫它，去保持它。一天，两天，三天，五天，你坚持了多久。当你去执着坚持你梦想的时候，你会发现，不管在哪个时候，你总有梦想开花的时候。

克里斯多夫·洛维尼
法国著名摄影师

45

主讲人：克里斯多夫·洛维尼

他是记者、摄影师、摄影教育家，缅甸仰光摄影节创始人及艺术总监。

他环游世界，40 年间足迹遍布全球。

他获得享誉世界的法国高等新闻学院硕士学。

他爱好历史，从探究特殊人物的特殊命运中获得能量。

他用镜头记录世界，发现美丽，传播美丽。

自 20 世纪 70 年代末以来，他以热忱、同情和尊严积极记录人类的状况。在捕捉重要社会影像的激情驱使下，他行至世界各地，搜集能够证明人类意志、怜悯、希望和集体意识的故事。

他就是行走着的故事家，是传奇的记录者，他是克里斯多夫·洛维尼（Christophe Loviny）。

精彩语录

1. 我想告诉你们一种新的沟通方式，其实我们每天都在做这样一件事——我们不仅仅可以用文字去书写，还可以用影像来写作。相比现在随时随地都可以拍照，以前的时候，人们要花几分钟的时间才能照一张照片。早年的摄影记者不仅仅是一个摄影记者，更像是一个化学家。

2. 作为一个记者应该去传达一种真实的东西，而不是去创造一个东西，当然你也可以用摄影去创造一些东西，那你就是商业摄影师或者是一个艺术家。每一个摄影师都要有一个清晰的定义，对我自己而言，我既是一个新闻记者又是一个艺术摄影师，对于我每一次的作品，我都很清楚是新闻作品还是创造类。

3. 作为摄影师"对"那个时刻很重要。1962 年，我进入缅甸时，当时缅甸是军事独裁国家，很封闭，这也使得一些传统的东西得以保留。我发现当时的缅甸人很穷，但是他们很爱读书。我建议年轻人不要总玩游戏，要多读书，我那个时候就读了很多的关于原始部落的书，并有机会住进这些部落里面，了解他们的生活习惯等。

川剧的魅力

46

主讲人：沈铁梅

她，致力于川剧的传承与创新；

她，赋予了传统川剧艺术在现代化背景下新的生命和意义；

她，将川剧声腔带入了欧洲音乐殿堂和美国纽约林肯中心艺术节；

她，被人们称为“殿堂级川剧艺术家”和“川剧皇后”；

她就是重庆川剧院院长，中国川剧的领军人物——沈铁梅。

精彩掠影

1. 川剧的影响力非常大，它有大约上亿观众，而且川藏都有川剧团，西安、陕西也有我们川剧艺术的院团，它的特点主要是剧目丰富，它的唱妙语连篇，文辞优美、典雅，表现形式非常丰富。所有的戏曲，包括川剧这个剧种，表演特点都是以歌来演故事。

2. 实际上川剧和戏曲一样，它就是真和假当中，他们说演戏的是疯子，看戏的是傻子，但是在川剧这个表演形式里面它是允许你和观众交流。电影是不可能和观众交流的，电影演的时候它就是一个真实的人，但是在川剧在戏曲的舞台上，它的表演时而是在剧中，时而它的演唱实际上在和观众对话，所以在观看的时候，是有互动的这种感觉的。

3. 我们现在讲文化创意，其实说要什么出新，要改革，其实你把传统的东西找出来，我们现代人也并不是比我们的前人更聪明，所以我就觉得我们对传统应该有敬畏之心，不能觉得我们的戏曲离现代很远，这些人都是掉渣了，他们的这些观念都是很掉渣。我觉得前人是非常智慧的。

4. 你看火锅麻辣的佐料，各种材料放进去，海鲜放进去，火锅都没有，就是这个没有海鲜的味道，没有鱼的味道，就有火锅的味道。川剧它就是这种引领文化，它把各种艺术类融合为在一起，形成了川剧。但是它的麻辣也是川剧和火锅的渊源。你看川剧一个戏，看到一定的程度，突然有一些情理之中、意料之外的这种情节，包括我就说变脸、变胡子等，让你很有看的欲望，感觉跟吃火锅一样，不会腻。

系列活动
国际艺术交流
交融——中德

47

主讲人： Rudolf Draheim、Heidenheim、Sabine Wild、**周靖明、吴应鸿、张建**

吴应鸿：

他，一杆画笔，绘下万物归一，

张张画纸，渲出蓝马奔腾。

看着世界，望着民族，他热泪盈眶。

与其说是作画，却更似人性在肆意地迸发。

一方画纸，绘尽了人性，道明了生命。

张建：

心近自然，胸有丘壑。

质朴原始，意匠加工。

浑厚清华的人生态度，安然地躲隐在憨朴的表象下。
温润淡雅的赤子之心，不羁地激荡在自然的画卷中。
他是张建，一个带着画具在四荒之地，披图幽对般地重回故里山水间的游子。

精彩掠影

1. 为什么要画蓝色的马？应该回答蓝色这个词。在我画蓝色之前，我画过黑马、白马，还有灰马，但是唯有蓝马对于宇宙，对于我们这个星球，对于蓝色的太空，对于白色的云彩，对于我们人类向往浩渺无限的空间，能给我们无限遐想。我们和很多国际大师，一起为人类的美好的梦想，为蔚蓝的天空，为我们这个宇宙、珍爱的地球，以马为载体，进行艺术创作。它不是我个人的，它是属于人类的。
2. 因此回到东方文化根上来，追求的最高境界就是道家境界：万物归一。
3. 我可以看到生命在时空瞬间运作，因此这个蓝色的马是对人性最大的表达。第二个层面：灵性。我想由于马这个动物的特点，我感觉人和马相处的时候，我每次抚摸它的时候，我的灵性的部分和马相比的时候，有一种强烈的力量，而这种力量感是随时爆发的，这就是生命。

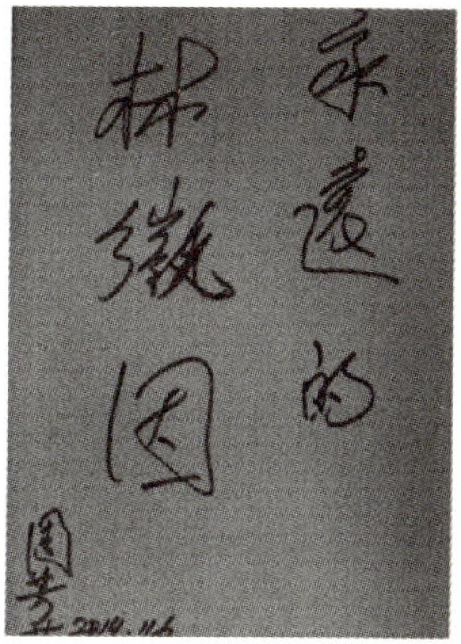

自立智慧美丽，亲情友情爱情
——从一代才女林徽因谈起

48

主讲人：周芳芸

爱，
不止于泉源，送来清凉，满怀慰藉；
不止于险峰，增彼高墙，称彼威仪。
人，
不在于得失，得之为幸，失之亦命；
不在于美丑，情怀才气，生命亮丽。
她，
潜心研究中国现代文学，
明悟风华绝代之女子的精神。
她就是周芳芸，
四川中国现当代文学研究会副会长。
四川师范大学文学院教授、硕士生导师，
四川省高校教书育人先进工作者。

精彩掠影

1. 用三座简单而强大的感情主宰自己的一生，对爱情的渴望，对于知识的追求，以及对于人类苦难痛彻肺腑的怜悯。

2. 爱情是那么地神圣、那么地憧憬、那么地美好，古往今来多少人在歌颂它，爱是文学永恒的主题，人们对它的歌颂的诗歌数不胜数，我有一点点时间关系，红色的玫瑰，我的爱人像红红的玫瑰，有遇迎风初开，啊我的爱人，像一支小夜曲，趁着有拜仁的、雅典的状态，于是我的生命我爱你。

3. 爱绝不是花前月下，是担当，是责任，是为了你的幸福，我愿意千百次牺牲我个人的幸福，正因为这样，这么神圣这么美好，因此我们的角色不错，一定要这三个有机层面的结合。第一个层面就是你外表层面的满足，高大、英俊、帅气、漂亮、美丽、赏心悦目，无可厚非，但是这个层面有它的不足，那我们不美的人怎么办呢？我曾经也很着急，上帝仁慈，但他给我们关上一扇门，给我们开启了一扇窗，那个是什么眼里出西施啊？所以世界上每一个女人都可以成为西施。第二个层面是你情感层面的暗恋与满足，这是最重要的，因为第一个层面还可以弥补，情人眼里出西施嘛，爱情是由爱而生情，这个爱是爱恋，是情魔，总之是你的才华、你的人格深深地震撼了我，今生今世我才愿意跟随着你，永不言弃，才能像张爱玲所说的那样，留千万年之中，于千万人之中没有早一步，也没有晚一步，刚巧就碰上了，那你没什么话可说，我就轻声地问一声，你也在这里吗？这是我们所讲的缘分。我想缘分，一定是两颗心灵共同的火花，如果在生命中没有建立一个火花，现在爱情我想至少是不完美的或者是不那么牢固的。第三个层面，社会层面的一定道德规范的信息，我给姑娘讲，无论他多么英俊或者高大，无论他多么爱你，如果他违背了社会道德，不是我能爱的。爱情观，且从本质上来说是人生观，选择和什么样的人牵手走完你的人生，这时你的人生观决定了的，二者不同，错位，如果错位了，注定了你自身是不幸福的甚至是痛苦的，甚至更严重。从各个角度他赔上了自己的一生。这三个条件全是对浪漫的解释，是公平的事情，以他的能力，亲密的交往是难以清理的，产生性爱的纽带、条件。

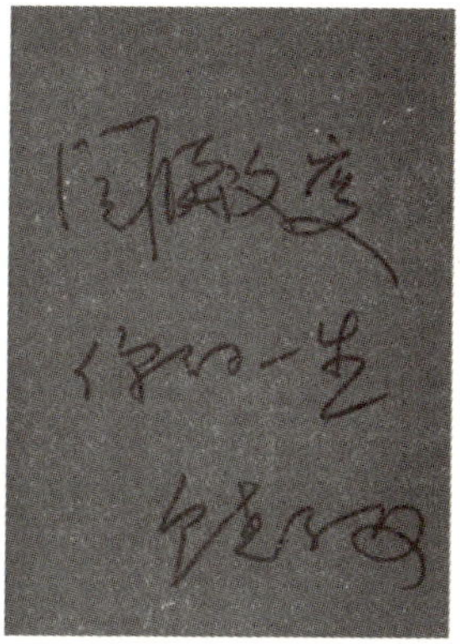

49

主讲人：饶雪漫

享有“文字女巫”之称的饶雪漫，文笔独特，语言优美，故事行云流水，直抵灵魂的最深处。不仅如此，她还有着年轻的心境，流畅的故事叙说，抒情的文字表达，灵动的“E时代”思维，斑斓的少年情怀。

细腻，体贴，纯情，扣人心弦，神采飞扬，字字句句都是年轻的宣言，异常契合正蓬勃成长，对世界、爱情、善恶充满好奇与萌动的怀想的少年们。

精彩掠影

1. 摇摆不定不是什么缺点，如果你总在摇摆那没有关系，如果在一定的范围之内可以多一些选择和想法，因为你的思维比较发散。但是你需要有一点，类似圆心一样，你站在那，你知道自己想要什么。你如果知道自己最想要的是什么，一定要多读书。是真的，我觉得你们到现在坐在这里，你们有多少人可以深切感受到读书可以改变命运。很少有人会，也很少有人坚持，我每个月，真的读 5 本以上的书，我觉得你能做到的话，你再回过头看自己也是不一样的。

2. 17 岁，我觉得它是一个人生的分水岭，因为到 18 岁你就成年了，成年之后你就不可能那么任性了。16 岁的时候你还可以说我是一个孩子，那你 17 岁站在人分水岭的时候，你到底该怎么走，你该如何去思考看待这个世界。我觉得这个年龄对于很多人来讲，非常重要，它也代表着青春。所以我一直在写 17 岁的女生，可能每个女生不一样，但是我觉得写这个年龄段其实 17 岁了，应该讲的词叫青春，没有人永远 17 岁，但是永远有人 17 岁。你们 17 岁经过的路，可能跟我走过的不太一样，我希望站在 17 岁的门口，替你们指路，然后在青春的时候，这条路稍微好过一点，好走一些，这就是我这么多年一直写 17 岁的最主要原因。

天下·视野讲座

Tian Xia Shi Ye Jiang Zuo

多双眼睛看世界

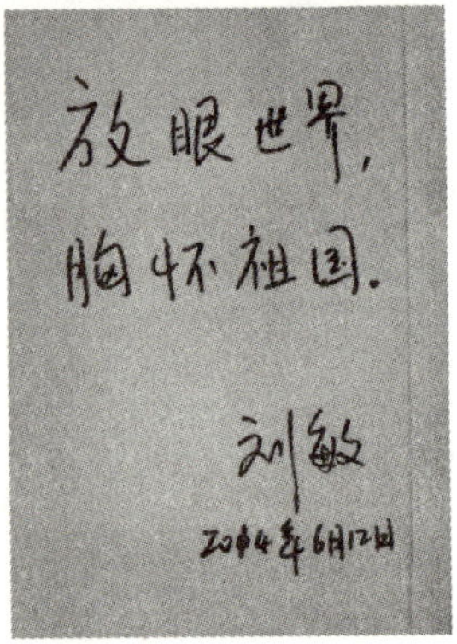

50

主讲人：刘敏

20 多年里，她从翻译做起，逐渐参与四川省各项涉外工作，邀请外资企业来川投资，为四川的发展做出了实实在在的事情，这让她感到自己的光阴没有虚度。她就是四川省人民对外友好协会专职副会长——刘敏。

精彩语录

1. 中国与世界的联系一直是紧密的！
2. 我们要多双眼睛看世界。
3. 在现代社会，我们有各种各样的方式去了解世界，演讲与座谈等直接的交流是十分重要的方式。

中国与世界的联系一直是紧密的

我非常高兴来到电子科技大学，感谢电子科大为我们交流活动取了一个很好的名字，叫作“多双眼睛看世界”，非常生动，也非常形象地阐释了世界与四川大讲堂预期的想法和构想。

在现在的生活当中，科技快速发展，我们有各种各样的方式去了解世界，我们通过网络、书籍、影视，可以出国，也可以和来自各国的朋友进行交流。我们希望世界与四川大讲堂成为多样化方式的一种。我认为讲座是非常好的人与人之间交流互动的方式，这是任何科技无论怎么样发展都无法取代的。在省政府大力支持下，我们协会创办了世界与四川大讲堂的活动，在去年 12 月份正式开讲，当时邀请了薛康来作为开讲仪式。他说：“举办世界与四川大讲堂活动是为了充实民间外交形式，推进四川在更深的层次、更广的领域加强与国际交流与合作。”这个活动是更深层次交流的体现，我们把这个作为办好活动的目标不断努力。我们非常感谢电子科大的领导对这个活动的支持。我非常感谢你们对加强国际交流、开阔学生国际视野高度的重视，也特别同学们积极参与。这个确实增强我们办好活动的信心。

加强国际交流和开阔国际视野，这个不是新的话题，但是常谈常新。参加过之前的活动的同学，很坦率地说松度先生的英文听起来很困难，因为南亚的英文对学习英文来说是巨大的挑战。但是我相信虽然听得不是完全正确，但是能够理解。我相信他来学校介绍南亚和斯里兰卡之前，我们生活当中，真正去帮助南亚的活动应该不是很多。我相信在他演讲之后，至少让大家感觉南亚是我们邻居，南亚这个国家也致力于自己国家的发展，它们也有自己的优势和问题。

中国的发展和南亚地区形势是密切相关的。我在南非这个国家生活工作过两年，比较有感情。这是个非常美丽的国度，有着现代化的城市和美丽的自然风光。但是这个国家出现在中国媒体上往往是因为发生凶杀案、抢劫中国的游客等，我相信这是事实，但是我站在这里是平安、正常的，在那里度过了两年美好的时光，这个也是一个事实。在那里，我接触了很多南非朋友，无论他们肤色如何，他们都是乐观开朗的，到今天为止看到南非制度对国家造成了很深的伤害，但是曼德拉先生所提倡和实践的种族和解与建设共同家园的理念，不仅是南非共同的心声，在当今并不平静的世界，我认为仍然有非常重要的意义和价值。在他安葬那一天，全世界很多领导人出席了葬礼，表达敬意。

在当代有这样一位伟人是非常难得的。今天南非和中国都是“金砖五国”的成员。作为非洲最有影响力的国家之一，南非和中国的关系也是日益密切。我曾经工作的总领馆也已经改建和扩建了，因为业务非常多，双方的贸易往来和投资大幅度增加。四川省有很多的企业在南非工作，能够看到中南两国快速发展，我作为在那里工作的人员感到非常高兴。这也充分体现了我们中国与世界的关系是紧密的！

我们要多双眼睛看世界

世界是普遍联系的，自从有人类文明历史以来，人们都以各种方式去进行交流。中国自古以来就有对外交流的传统，历史上有很多伟大的对外交流壮举为大家所熟悉，张骞出使西域，他通向了中亚和欧洲丝绸之路，万里通道。习主席今天提出了建设新的丝绸之路。唐代玄奘西行印度取回佛经，并且翻译介绍给中国民众，对中国的历史、文化和文明的发展起到了重要的作用。明代的郑和 7 次下西洋，促进明朝和亚非国家的经济和文化交流。

历史上中国对世界产生了重要的影响，中国对世界也做出了积极贡献。只是到了近代，清朝采取闭关锁国的政策，导致中国错失了近代发展历史机遇，落后于西方历史发展进程。所以我觉得历史和现实一再告诉我们，没有人类数千年交流史，就没有今天世界所呈现出来的面貌，人类的进步和发展离不开不同文明之间相互学习和借鉴，于世界发展如此，于国家发展如此，于个人发展也是如此。

和大家分享几位名人的片段

第一位是莫言，他是我非常喜欢、尊敬的作家。莫言在诺贝尔奖文学奖颁奖仪式上讲述了自己的文学创作之路。他说到我必须承认在创建文学领域的过程中，美国的威廉福克纳和哥伦比亚的加西亚给我重要的启发，我对他们的阅读并不认真，但是他们开天辟地豪迈精神激励了我，使我明白一个作家必须要有一块属于自己的地方。尽管我没有很好去读他们的书，但是读了几页，明白他们干了什么，也明白了他们是怎么干的，随之我就明白我该干什么，我不该怎么干。

第二位是乔布斯。多年之后乔布斯坐在自己位于发言当中，回到印度之旅对他的深刻影响，我回到美国之后感觉文化冲击，比我去到印度时感受还要强烈。我们运用思维，他们运用直觉，他们的直觉比世界其他的人要发达得多，直觉是非常强大的，在我看来比思维更加强大，直觉对我的工作有很大的影响。

第三位是马云。最近有一篇文章说马云第一次高考报考的是北大，但是数学只考了1分。他一共考了3次高考。最后一次数学考了79分，考上杭州师范学院英文专业，因为他的英文很好。我当年高考也是考了英文，当年有点不自信，但是看了马云的经历一下子自信起来了。马云对于互联网产生兴趣是1994年底，1995年年初去了美国，首次接触到了互联网，从此一发不可收。

我认为不是所有的作家发现马尔克斯就能变成诺贝尔奖获得者，也不是所有去过印度的美国人都可以创造出被咬了一口的苹果，也不是所有学了英文去了美国会互联网的中国人都能创造出电商帝国。但是有一个莫言、一个乔布斯、一个马云就已经足够强有力地证明不同文化交流、碰撞产生的思想火花如何影响和改变他们，而鼓励告诫我们每一个人的生活。世界就在那里，不管你看不看它，它都会对你产生这样或者那样的影响，而勇于了解和探索世界的国家和个人才有可能更好把握国家的命运和个人的人生。

在现代社会，我们有各种各样的方式去了解世界，演讲与座谈等直接的交流是十分重要的方式。

就我个人而言，学习英文给我打开看到世界的窗户，也给生活和工作带来了很大的影响。在大学学习英文专业接触了另外一个文化和文明，启发了我探索世界的兴趣。工作之后有机会访问许多的国家，从亚洲到非洲，从中国到欧洲，不同的国度在我的脑海里面留下许多难忘的记忆。我非常有幸看到世界各国不同的面貌，不同的生活方式和不同的文化文明。从中我领悟到自己所从事这份工作的意义，就在于尽最大的努力把自己生活的地区与世界联系起来，让世界了解真实的中国和发展中的四川，也让四川不断走向世界。为了达到这个工作目标，在过去20多年，我为现在国外各种类型、各种级别的代理团，我省各项重大涉外活动，协助外国企业来川落户做了一些力所能及的工作。特别高兴的是还曾经有机会长住国外，代表国家促进中国与驻在国之间的友好交流。为我们国家的发展和四川省的建设实实在在做一点事情，我感觉没有虚度自己的光阴。

现在来到省对外友好协会，更加感觉到为省交友、推动民间对外交流具有重要的意义。我觉得外交只靠政治家和外交官是远远不够的。外交的直接使命就是为了国家的发展创造良好的外部环境。民间外交就是人民与人民之间的交往，它是国家外交的基石，每个人都可以为营造和平的国际环境做一点事情。我们举办世界与四川大讲堂的活动，也是为大家参与民间对外友好交流搭建一个平台，希望激发起同学们关注国际友好合作的兴趣。

基于这个平台，今年我们与电子科大合作开展了青年对外交流的活动，比如说前往日本与大学生交流访问，推荐学校艺术团前往韩国进行文化知识的交流，都取得比较好的效果。在中国快速崛起的今天，面对世界各国对中国不同的看法，我觉得我们要做的就是争取最大数量的外国朋友来理解和支持中国的发展事业，为中国的发展事业“点赞”。只有让外界朋友们切实感受到中国的发展是对世界的贡献，而不是对世界的威胁，才有利于夯实国家外交的基础。

我觉得民间外交是可以，也应该在这个问题上有所作为的。了解世界是为了丰富人生，增长阅历。了解世界是为了交流学习，不断创新，了解世界也是为了消除偏见，彼此包容。了解世界才能更好地了解自我，热爱我们的国家。

因为走过很多的国家，我更能理解为什么世界是多彩的，文明是平等的及只有一种文明和一种声音的世界是不可以想象的；因为走过很多的国家，我明白了在到达一个国家之前，你所听到关于这个国家很多说法，完全有可能都是谎言和偏见；因为走过很多的国家，我认识到世界上有很多的国家值得我们去学习，也有很多的国家需要我们帮助，学习是为了创新和超越，帮助是为了共鸣和共同发展；因为走过很多的国家，我深深感到我们不仅是当今世界上发展最快速的经济体，我们更要传承和发扬中国优秀文化和优秀的文明。

中国人要做有文化、有理念的人。只有这样的中国和中国人才能真正赢得不同国家民众人心。改革开放之初，我们的国门初开，那个时候我们看到的是与外部世界的巨大反差和差距。一切都是新鲜的，向西方先进国家学习也成为一股热潮。现在改革开放 30 年过去了，中国的物质财富迅速积累，生活条件得到很好的改善。是不是就可以停下？或者放缓向世界学习的步伐？向世界的学习是无止境的，毫无疑问中国必将在世界的未来扮演更为重要的角色，我相信愿意不断地学习的人，将最有可能为未来做好充分的准备。我们之所以选择电子科大作为大讲堂活动第一个举办地，就是因为科技是国家未来发展的支撑，而你们之中任何一个人都有可能成为未来科技的领军者。

我不是学科技和技术出身的，但是我可以非常确定地说，未来科技的研究者，或者是科技企业者也好，一定程度上也得是哲学家、艺术家和国际问题的专家。因为理念、想象力、技术和对世界趋势的把握将共同描绘出未来世界的面貌。我觉得大家有责任去更多了解和理解发展变化当中的世界。

再回过头来看看我们生活的这片土地，应当说我们很幸运在这片土地上工作、生活、学习。经过 30 年改革开放，四川对外交流取得了突飞猛进的发展。今天我们已经拥有了数十条的国际航线，可以方便前往欧洲、亚洲、美洲，还有 200 多家世界 500 强企业已经在川落户。外国驻川的领事机构数量也已经达到十家，未来将会继续增长。对地处内陆，既不临海，也不临边的四川来说，这些都是来之不易的成就。对大家个人来说直接享受对外交流发展所带来的便利。

首先国际航线的增多，直接带来出行和物流的便利。第二外资企业的增多直接扩大就业机会。第三领事馆的增多，一方面是我们在家门口就可以方便办理出国签证，另一方面各个领馆举办文化活动、经贸活动使我们不必远行就可以感受、了解到不同的国家。就在几年前我们还不能想象到有这样的发展，这一切都使我们的生活变得更为丰富。这一切也包含着全省从事对外工作所有人员的心血和努力。我认为对外交流在今天是实实在在的民生工程，和大家日常生活日益紧密联系在一起。与此同时我们也要清醒看到四川与世界的差距。作为一个整体，四川的发展是非常不平衡的。它其实就是中国的一个缩影，有很多的地区尚未被开发，而我认为最终这个问题的钥匙还是在于进一步扩大开放，解放思想。

大讲堂活动的开展，就是为了同学们寻找到更多的眼睛看世界，因为你们承载四川未来发展的希望，你们看到的世界就是四川的未来看到的世界，你们走向世界也就是四川的未来走向的世界。大学毕业的时候，我的梦想就是看世界，我很高兴这样的梦想在今天已经实现。尽管我们之间有着年龄上的差异，在不同的时代背景下，但是我相信民族情怀和国家的视野是我们共同的文化意义。这里我祝愿在座每一位同学都能实现自己的梦想，未来是属于你们的，我相信你们的梦想必将为国家日益发展而广泛的国际交流更加精彩。

世界的变化与中国外交

51

主讲人：吴建民

他是一位风度翩翩的东方绅士，是新中国外交进步的见证者。曾为毛泽东、周恩来、陈毅等国家领导人当过翻译，是中华人民共和国恢复在联合国的合法席位后，常驻联合国的第一批工作人员。

他是新中国外交的开拓者。曾担任过外交部发言人、驻法大使。2003年12月，他又当选为国际展览局主席，这是第一位中国人、第一位亚洲人、第一位来自发展中国家的人士担任这一重要职务。

他更是一位外交方面的专家学者。现任外交学院院长、全国政协外委会副主任、全国政协副秘书长兼新闻发言人等。著有《外交与国际关系——吴建民的看法与思考》《交流学十四讲》《在法国的外交生涯》等。

精彩掠影

1. 外交我想讲三句话。第一是“世界大变化，政策大调整，外交大发展”。从 1949 年新中国成立到现在，六十几年的时间，外交可以分为两个阶段。改革开放前我们外交目标是求生存，中华人民共和国是一个新生事物，有的国家和势力不喜欢，想把我们扼杀在摇篮当中，我们要为共和国的生存而奋斗；改革开放之后是求发展，这个阶段的最大不同之处在于主导思想改变，从“立异”转变到“求同”。中国外交政策的改变给中国外交带来了更大的舞台，遥想新中国成立之初与我们建交的只有十几个国家，现在 172 个。中国人在走向世界，21 世纪不仅是中国人走向世界的世纪，更是世界走向中国的世纪。第二句话是外交要坚持“韬光养晦，有所作为”。韬光养晦意味着我们的外交谦虚谨慎、沉稳，不要飞扬跋扈，清晰了解国家发展的大目标。中国强大起来，打破了国际原有的利益格局，很容易导致国际联合抗争中国。在这样的国际背景下，我们更应该坚持邓小平提出的“韬光养晦，有所作为”。第三，2011 年 9 月 6 号发表了《中国和平发展白皮书》，提出了中国对外关系上要扩大和各国的利益汇合点，构建利益共同体。这个思想可以逐步地把世界引向持久和平、共同发展的道路，虽然这条道路会有很多艰难险阻，但如果我们真正按照中央提出来的这个方针去做，我们是可以取得预想的结果的。

2. 在时代变化的大背景下，世界出现了和平、发展、合作的潮流。孙中山曾经说过：“世界潮流，浩浩荡荡，顺之者昌，逆之者亡。”过去十年，我们中国大发展是因为我们顺应了这一股潮流，事实证明，任何违背时代潮流的做法都是失败的。

韩国驻成都总领事携影片《只有你》解读中韩文化

52

主讲人：安成国

安成国，毕业于延世大学，美国马里兰大学经济学硕士，心怀外交梦想，放眼美丽世界，他走进了韩国外务部，踏上了他的中国外交之旅，历任驻华二等书记官、驻台北代表部代表助理、驻香港领事，现在他是韩国驻成都总领事。

二十多年间，在外交岗位上，促进了中韩关系的友好发展。在担任成都总领事期间，积极与成都政府、各大高校、民间组织开展中韩文化交流活动。

精彩掠影

我们历史上非常亲密，文化上非常类似。即便文化上类似、历史上亲密，我们也有自己的土生的文化。文化上相似意味着什么？我们两国的文化很类似，除了这个之外，思想上，大家都知道老庄思想、诸子百家，这个方面我们从小都开始学习。确保我们韩国的经济增长的话，我们需要广阔的市场。我们朴总统非常重视开放性的模式，在这种情况下确保可持续发展，我们需要广大的市场。我们当前已经有了比较丰富的国际化经验，我们的大学也比较丰富。我们在劳动力尤其是在人才方面，在人才、劳动力丰富，土地，资源方面都有非常强的优势，我们可以形成非常强的互补性。

中韩两国人员交流方面，比去年同期增加了100%。我们韩国人也非常喜欢中国的文化。对现在中国的研究，我们有着非常高的评价。每年访问九寨沟的外国人数目有多大？有谁知道吗？157 000人次。到10月份我估计超过70 000人次，韩国人访问九寨沟达到三分之一以上，150 000当中就有50 000以上，因为韩国人对中国旅游非常喜欢。现在韩国企业在各个方面都非常重视中国的市场，你们要想在韩国企业找到好的工作岗位的话，你们要好好学习韩文，韩国企业要国际化，中国的年轻人也要学习越来越多的东西。我也非常鼓励韩国的年轻人来中国学习。我们要努力扩大文化艺术方面的交流。

在韩国经济快速发展方面，最大的作用是什么？我感觉是我们韩国领导的果断力和判断力最重要。我们的工业化进程是在1962年开始的，但是朴主席做出这个判断是非常重要的，以前其他领导没有想过。1967年以前我们是比非洲差的贫穷国家，以前我们领导人没有发现在工业化发展方面的机会，朴主席有了这种判断之后，直到现在有了高速的成长力。除了领导判断力之外，主要的事情是什么？我们抱着开放的态度。我们的政府以市场来生产集成品、商品等，然后我们才能有经济方面的发展。领导的判断力非常重要。另外就是开放市场的态度。对中国来讲，中国老百姓采取更加开放的做法，这个对你们是很有利的。如果你们2001年加“入世”贸组织以后，你们能有更加开放的机会，开放市场，你们满意吗？

校友·成才讲座

Xiao You Cheng Cai Jiang Zuo

53

主讲人：郭进

生于 1983 年的优秀师兄，
他是科大能说会道的学生会主席，
他也是被保送中科院硕博连读的高才生。
他是儿时卖冰棍、卖菜的小商贩，
他也是如今著名的民营企业创始人。
他曾说他会成为政治伟人，
最后他成了科技公司的大牛。
人生往往会在你意想不到的时候拐一个弯，走上创业这条永远不想停下来的路。

精彩语录

1. 小的时候，唯一能支起我兴趣的是表扬，这个对我以后的影响也很大。在我整个创业过程中，很容易满足，每当我的学习和工作有一点点进步，我就特别高兴，特别兴奋，就跟打鸡血一样。
2. “胜则举杯同庆，败则拼死相救”，这个气概，当我当时看到这个字的时候，是想流泪的，因为创业这个过程，本身就是应该有胜有败，但是我们一起不离不弃。
3. 十年来，我天天思考的都是失败，对成功视而不见，也没有什么荣誉感、自豪感，而是危机感，也正是这样，我们才活了十年。
4. 有一颗激动的心，在做任何事的时候，都让你激情澎湃，如果一个团队没有战斗力，没有激情，这个团队就化掉了。

儿时的“创业”经历

创业到底是什么？其实大家每个人的经历不同，可能感受不同，我就简单地给大家分享下我的故事。小的时候干过这几个事情，是与创业相关的：第一个，捡废品；第二个，当过菜贩；第三个，卖过冰棍。

第一个，拣废品，是怎么拣的呢？以前有很多城市的垃圾会倒向农村，老百姓都很讨厌。我们去玩的时候发现，垃圾堆里居然有很多金属废品，所以第一次先拣了一些，带回去有 20 多斤，4 毛钱一斤，卖了 10 块钱，很高兴。后来觉得这是个好买卖，以后放学的时候就老去拣，还把小学同学都拉过去。我就记得有一个周末我们拣了太多，一大麻袋，这么大一袋搬不动，然后跑回家，让爸妈来帮忙，卖了后分钱买东西，第一次小赚了一笔。

后来当过菜贩子。当菜贩子比较辛苦，在农村里，有三种工作：种菜，卖菜，还有出去打工。我认为当菜贩子肯定比种菜要挣钱，那时候跟我妈说：“妈，要去卖菜，当菜贩子才能挣钱，种菜太辛苦了。”当时我母亲跟很多农民一样，认为我们现在做的事又没啥风险，生活还过得去，菜贩子起早贪黑的能不能赚钱还不清楚，还要交税，嘴巴要会说等，母亲说不行。但我没死心，爸妈不想做，我想做，所以在暑假的时候，找我妈要了 80 块钱，然后跟另外一个曾经一起拣废品的小伙伴，拉着他去当菜贩子，早上五六点钟去批发市场批发菜，然后到集市上去卖。我记得有一次大概快到中午一点了，没卖完，拿回家也不行，因为农村到处都是菜，拿回去就浪费了。我们两个就听到新都有店铺，那个时候的店铺就是国营军工厂，我们就搬到那里，那条路都很富裕，家里有老人，什么都在外面买，我们大概卖到两三点钟就卖完了。后来跟我一起卖菜的一个阿姨跟我说，你们两个小孩子怎么回事？我从来没有见过这么小的菜贩子，还跟着我们一起把菜卖完了，说我们两个人将来一定大有所为，是她见过最牛的菜贩子，我听了后非常高兴。小的时候，唯一能支起我兴趣的是表扬，这个对我以后的影响也很大，在我整个创业过程中，很容易满足，每当我的学习和工作有一点点进步，我特别高兴，特别兴奋，就跟打鸡血一样。

卖冰棍的故事跟前两个很像。那时候正是收割稻谷的季节，有一天我妈去赶集的时候给我买了一种冰糕。大袋叫大冰，大概卖 3 毛到 5 毛，小袋叫小冰，大概卖 2 毛一袋。但是那个时候，我妈买回来的小冰是 7 分钱一袋，大冰大概是 1.2 毛钱一袋，是从新农城里面批发回来的。我一听这个利润率非常大，然后立即对我妈说，这个东西我不吃了，然后让我妈给我拿了一个水桶，装入刚打上来的地下水，把大冰、小冰放到里面，推出去卖，很快就卖完了，几十袋一个小时就卖完了。后来让我妈每天都去买，在收稻谷那几天把我们院里的小孩全部动发动起来，跟我一起卖冰棍，然后再一起分钱。

学生阶段的创业储备

大学之后，有几段对我有帮助的经历。第一段是大一结束后去实习的那段经历。大学时我很少用家里的钱，就自己想办法挣，我选择去卖 ADCL，卖一个提成 100 块钱，他们如果选择 ADCL 帮卖，1200 块钱，包年，提成也很高，一个暑假挣了几千块钱，不仅挣够了生活费，而且我是小组中卖得最好的，很有成就感。

第二段就是在学生会工作的经历。大一的时候，我在我们学生会当会长，上大二的时候，学生会很开放，有竞选，所以我就报了一个学院学生会部长，充满激情地去面试。

当然我运气不好，遇到了一个强劲的竞争对手，我只能当了副部长。但我也很高兴，因为那么多人去面试，为啥我当了副部长？心里在想，我肯定很牛，进行自我安慰。就跟开始讲到的我去卖菜、卖废品一样，只要别人一表扬，就觉得好像自己很牛，就充满了激情。后面又由于机缘巧合，我们的团委副书记刘老师给了我一个担任秘书部部长的机会。

秘书部的职责主要是发新闻稿，需要宣传，有海报，包括在网站上和学校广播站上宣传。写稿子的事我真不在行，但是我还是当时就抓住了这个机会，因为我了解自己在宣传交际上的优势。我就跟当时秘书部的副部长杨波商量了，你写稿子在行，我说话在行，你对内我对外，与校学生会打交道的我去，跟外面的合作方面打交道我去，内部的管理要给咱们的部员打打鸡血，激励激励，让他们干活猛一点，我来负责，凡是涉及写稿子、辅导类的你来。我俩配合得非常好。

后来，我当了学生会主席，需要做很多学生工作，却没有时间学习，但是你要如何保持学习很好？如何保持平衡很重要。值得一提的是学生会的工作跟创业初期有一点是极其像的。哪里像呢，那时候我们学生会七十多个人，不发工资，还要别人出力干活，就得靠激励，靠给大家讲理想，大家才会去干。当时的锻炼，对我创业初期发不出工资起到了非常重要的作用。

从学生会退下来之后，带着学生会时获得的收获我干了第三件事。2014 年的挑战杯创业大赛，这个是我们感到很自豪的一件事，我们团队里面有三个学院学生会主席，还有一位团委副书记，还有几个学校的老师。

研究生之后，我也同样在继续做类似的工作。研一上完之后，我暑假到一个公司当兼职的工程师，做得还不错。那个时候很自豪，我应该是研究生里面最有钱的学生了，加上科学院的收益我的月收入很快过 6000 了。到第二年的时候，我兼职的工资已经超过在北欧工作两年的老师了。另外，我帮工商银行的工作人员推销信用卡，一不小心给推多了，做了 1200 多家，他们吓了一跳，因为全年的任务大概是 300 ～ 700，这么快就帮他们做完了。他们每张信用卡都会给我们提成，然后我们去做。当时我们在科学院门口摆摊，我们买了一个便携的复印机，拎着一个一个去找，效率非常好，大晚上只要大家一起拉一个人来，问：“你办信用卡吗？工商银行的，办一个送你一个锅可以煮鸡蛋。”大家都很高兴，一下就办了好多。

塞翁失马，焉知非福

以上的几件事都可以算是我“创业”路上的成功事例。但是我同样也干过不少的赔本买卖。第一件事就是倒卖奥运馆票。2008 年的时候，我和我现在的老婆在想，奥运会来了，咱们总要干点什么吧。开始想着搭个平台炒房子，后来北京市政府就搞了一个北京银行 + 专门干这个事，炒房子不行了，我们就决定炒票。北京奥运会的门票是实名制，一个人大概能够订 3 场门票，所以我就马上干了一个事，从周围搜罗了 20 多张身份证，开始购票。我们选购票全部都是四分之一决赛及以上的票，结果还不错，除了开幕式和闭幕式的门票没拿到，拿到非常多的决赛和半决赛的门票，包括羽毛球和篮球、乒乓球都拿到，很厉害，但是做生意还欠缺经验，很多意外发生了。当我拿到票之后，与一个人开始谈，正在想这个 800 块钱的票怎么样卖到 2000 的时候，一个哥们过来说：“郭进听说你买得到票，你卖给我一张。”身份证也是从他那借的，卖一张说不过去，就让他拿过了。给了之后没多久，另外一个兄弟过来：“郭进听说你给 ×× 倒了票你很厉害，能不能帮我搞到？”然后我们就这么把票分完了，最后只剩了 2 张，我跟我老婆看了女排的半决赛，血本无归，亏损。虽然是研究生的大生意，但是没挣钱，但还是帮了一些好朋友，他们在创业的时候也给予了我支持。

后来卖过血压计，卖血压计已经是创业启动的时候了。因为那个时候启动了之后，穷到发不起工资了，后来想我们这种创业做研发不行，研发的时间太长，怎么发工资？等东西卖了都半年了。干脆卖血压计，中间有差价，找了一小本一万块钱的血压计，我当时找了北京的总代理，拿下了 6 折的折扣，8 折给卖出去的，当时是在北京知春路沃尔玛北面卖血压计，这个事说明创业有风险。为啥有风险？我们打的是免费测血压的旗号，最后发现，老头、老太太都来测血压，测完之后拍着我的肩膀说，小伙子谢谢，都走了，都没掏钱。要掏钱的应该是他们的子女，但子女可能不习惯在门口买，或者是去药店去买，觉得咱们这个地摊货永远档次过不去，所以最终卖了大概有将近 10 套之后，库房里还留了 20 套就卖不出去了。所以又干了第二个赔本买卖，于是送给了周围很多的朋友。付出了就会有收获，这些人就成为我们创业的第一批帮助者。

你为什么要创业

大多数的创业都没有从创业的成功率而言的话，3 年不倒闭的企业大概占到 70% ～ 80%，3 年，我们这么多年有一个感觉，九死一生，非常多你不可预知的情况，当然现在比较好的是，整个的创投基金，包括自己做的，能够帮大家做一些资金的积累，像我们当年没有这个，更麻烦。但归根到底创业非常好。

关于创业的原因，不喜欢循规蹈矩的生活，我觉得是很多的同学可能会有的，还有包括了工作较长一段时间，大家再出来做也有这种想法，当然有更高的，就是告诉自己，我就是想创业，因为我的理想、我的想法。我感觉这几种驱动里面，有两种最有可能让大家能够坚持下来。

第一种是不得不创业。不得不创业的典型就是咱们的马云，他毕业之后找了三十多份工作全部被拒绝。当然这里面有点戏说的成分，到底有多少这类成分在，只有马云知道，但是这些经历是他说出来的，至少说明一个事情，他已经走过的路。还有一种能够支撑你长期去干的，就是你觉得我骨子里就只有创业这条路，可能我中途会做好多事，但是转过去，我还是会创业。他能够坚持。

所以如果大家真想创业，你需要在大学时就开始思考，静静地慢慢地想。因为原来的这些创业大部分都被打消掉了，尤其大部分人的念头是开个什么店，这种门店基本上 90% 破灭。其他的那得根据你的爱好，包括刚才说的，我想一些我喜欢的东西，慢慢地想清楚。但是我给大家一个建议，是在考虑创什么业的时候，千万不要眼高手低。一定从低开始做起，因为大部分创业一段时间以后，会觉得安心找一份工作比创业好得多。我虽然没有后悔，但是我老婆在我耳边说了将近 3 年才停下来，这个也是我说的，创业永远是艰苦的，自打创业之后，没有周六周日没有早上晚上，全部都在工作上，半夜还在想。我在创业的前 3 年，几乎每天都说梦想，全部都是公司的事，说得非常清楚，后来我们公司的核心团队，我们在内部跟大家开玩笑的时候，大家都有这个经历，因为晚上做梦都是公司的事，事太多。

你凭什么创业

很多人想创业，那么创业需要哪些基本素质？这个各家有各家的说法，有不同的定论，我就简单地跟大家聊一些，因为其实在这个过程，大家也都看到，我的感觉是创业真的很苦，回过头来，很多人会反思，真的不如不创。我们看到太多创业者的苦，任正非是华为的老总，他们的董事长孙耀光，他们平均每年在飞机上坐的时间是150多天，大家就可以知道，他几乎没有时间忙家里，任正非说他现在最歉疚的一个事情，他妈妈去世了，他都没有赶回家。因为创业这个过程，逼着你没有办法，有这么多同事在这儿，要让我们的同事跟着我们一起打拼，能够一起去富有，大家创业的初衷还是想我能够富裕。阿里巴巴能够带动1万人，平均1万人，1000万的身价，非常好，但是他牺牲的东西，我们很多人是想象不到的。

所以创业的基本素质到底有哪些呢？就我总结而言，第一，要有一颗强大的心。为什么创业家那么多最后都说不创业？事实是创业真的太苦了。一个创业团队，因为有太多的实际的经历或者是一些困难，让你还能不能坚持你的梦想，这个是打问号的；当你想要坚持梦想，你的爱人让不让你坚持梦想也是打问号的；还有你想坚持梦想，最后你觉得撑不下去，只能这样了，也不行。第二个，要有一颗激动的心。在做任何事的时候，都让你激情澎湃。为什么当初把琅拓科的企业文化定义为激情、共融，那是因为从创业初我就知道，如果这个团队没有战斗力，没有激情，这个团队就化掉了。所以在任何时候，你都得有激情，我们的同事一般在公司不怕我，但是我看到哪个员工每天在公司板着脸，一般会叫他到办公室“修理”一下，然后“修理”得高高兴兴或者是哭哭啼啼就出去了，第二次看到我，一定笑嘻嘻的，你必须有一个很积极的状态，才能够做成事。还有一个基本的素质，是对市场能力的对比。为什么刚才我在初期给大家梳理了一些我小时候的经历？因为最少你要有这个能力，我能发现一些商机，并且能够持续下去，这个非常重要。所以如果是脑子里确实有这根弦，有发现商机，并且我还打算去执行，尤其要甘愿执行，如果这些条都具备了，OK，参与，坚持。

最后送给大家一句话，这句话也是最近网络上流行的一句：“梦想是一定要坚持的，万一实现了呢。”

青年的责任与成长

54

主讲人：洪战辉

12 岁的他，就照顾生病的父亲，寻找出走的母亲；
12 岁的他，就承担起对另一个更弱小的孩子的责任；
稚嫩的肩膀接过全家生活的重担，
在贫困中求学，在艰辛中自强。
他是 2005 年感动中国十大人物，
他是 2007 年全国道德模范获得者，
他是用行动诠释责任与成长的时代偶像——洪战辉。

精彩语录

所有人都不要我们了，我们也得要自己，只要我们自己对自己负责，将来没有人可以对我们不负责。

成功是一件特别简单的事，但是成功是一件特别不容易的事，因为你要坚持做那一件简单的事，这就是不容易的地方。

一个人做一件感恩的事情，做这样的事情，肯定是不会错的，不一定效率会高，不一定未来有多宽广，但起码我们的人生做了一件没有遗憾的事情。

童年的无忧无虑

我是一个农村出来的非常普通的孩子，一个普通的学生，但是我也是一名特别开心的孩子。虽然家里很穷，但当时小时候也不知道什么叫穷，一心只想着怎么开心跟快乐，其实小时候这份单纯，是我们一辈子都要珍惜的财富，也一定是要一直保留的。我为什么要这么说呢？很简单，当时我和城里的孩子相比，我很差，我当时上不了幼儿园，我们根本就没有幼儿园，我当时没有一样玩具，所以说当时要跟城里的比，我不知道怎么比。但是有一天，当我发现城里的小孩子是在幼儿园里上学的，而我是在大自然上学的；幼儿园的老师有很多的老师教，可是我呢，有大自然在教我，连蚂蚁、虫子、一木一草，它们都是我的老师，城里的孩子是在卷子里学习，我是在整个大自然中去学习，所以我觉得我比他们更开心，比他们更自由，这就是小时候我比的角度。

其实生活的价值不在于它给了你什么，而是你把生活的馈赠变成了什么。小时候我们家没有玩具，城里的孩子有变形金刚，我把家里的所有桌椅板凳全部都拆开来，当变形金刚来玩。我不能改变我所能够得到的物质条件，但是我同样可以创造出属于我的童年快乐。我经常拆家里的东西，有一次家里买了一把锁，买锁这件事情在普通人家来说是太普通的事情，但是对于我们家来说，不是简单的事，为什么呢？为了买那把锁，我们省了好几个月的钱，我们家当年是什么情况？吃盐才花钱，其他的东西都是不花钱的，家里有吃就吃，没有吃就不吃，是这种情况，就是为买那把锁，已经省了好几个月吃盐的钱，所以买了那把锁，我们家觉得特别珍贵。我也觉得特别好玩，因为家里所有的东西都被我拆开，铁质的我也想拆，特别是那把锁，这么小小的一把锁，为什么锁到门上，没有钥匙就打不开呢？于是我趁父母下地干活的时候，找来家里所有的工具，把那把金贵的小锁“大卸八块”，我玩得特别开心，没想到小小的锁里面竟然有十几个零配件。可当我把锁重新装上去的时候，老爸回家却怎么也打不开那把锁。当时我也不知道为什么报废，我只知道父亲非常生气，父亲为了开那把锁，把整扇门都给卸下来了，所以那次挨打，是我小时候挨打最严重的一次。我们很多人都挨过打，受过伤害，失败过，考试考砸过，被别人批评过，可是你有没有想到过，这都是有收获的呢？如果你想到的是伤害，那你真正地就受伤了，如果你感受到的是痛苦，那你就真的吃亏了，但是这所谓的一切的伤害也好，吃亏也好，真的对我们在座的各位来讲，是非常值得我们珍惜的，真的是一种收获。

突如其来的责任

这就是我的童年，虽然物质上不富足，但是精神上是愉悦而满足的。可这份平静的满足，在我十一岁的时候被打破了。我父亲得了精神病，疯疯癫癫地到处乱跑，打坏了我们家所有的东西，砸别人家的东西，有时候还会打人，有一次打伤了我母亲。当时有一个妹妹夭折了，我失去了我妹妹，我失去了一个温暖的家庭。为了给父亲看病，我们借了所有能借的钱，也没有把父亲的病看好，父亲就像一个疯子一样，在大街上乱跑，所有人都讨厌他，在那个时候，我特别痛苦，为什么我的父亲会成为这样？但是我永远都忘不了我父亲在他疯疯癫癫的时候，在到处打人、骂人、砸东西的时候，他反反复复说的几句话，他说他要让我们村里都有钱，他让我们村铺上柏油马路，他要让我们村里每家都住上好房子，他要把不好的房子都拆掉，要让他每个孩子都上学。我不知道我的父亲为什么疯，我也不知道我的父亲疯的时候为什么会有那么多古怪的举动，我更不知道我父亲疯的时候要说这些话。但是在我父亲说这些话的时候，我才突然间一下子意识到，我们和别人的差距，我才知道我们村没有一条像样的路，没有一所像样的房子，如果一家有两个孩子，最多能供得起一个人去读书，另一个人就必须去干农活或者是去打工。我不知道为什么，可是父亲这么一疯，突然间让我知道了什么叫贫穷，知道了什么叫差距，也知道了什么叫争气，也就是那一刻我知道穷人的孩子要早当家，也就是那一刻，我突然间从一个无忧无虑的童年什么事都不想，天天只想玩、只想痛快，突然间想到还要为家里做点事，突然想到还要为父亲做点事，想要为村里做一些改变，突然间觉得自己要改变。所以说父亲给我家带来的磨难，实际上是给我们敲响了警钟，父亲告诉我，人一定要有一种改变的意识。

那个时候家里变得更加不可收拾，父亲经常打人骂人，我的母亲实在忍受不了就离开了，我父亲还拣了一个孩子，当时她才 4 个月大，我呢，才 12 岁。一个 12 岁的孩子，我的母亲又走了，我失去了所有亲友的支援，我找了所有的亲戚、邻居找不到她，我的妹妹在怀里哭，我根本不知道自己该怎么办，我也不知道该去求谁，那一刻我觉得自己是一个被放弃的人，怎么办？当所有人都要放弃我们了，我们该怎么办？当时有人劝我把妹妹送人，但是我觉得妹妹能够留下，就是一个孩子对另一个生命的尊重和珍惜。我还曾经说过一句话，是对大人说的，我说我不知道怎么养活这个妹妹，但是我知道一件事情，只要我家里有米吃，我们就一定不会饿死，只要我们饿不死，我的妹妹就不会死。养活一个孩子就是这么简单，带大一个孩子也是这么简单，所以一个孩子能够活下去也是那么简单，那么我们还有什么理由去放弃呢？我们都缺吃的，我们之所以活不下去，只因为我们缺一样东西，就是责任。我们如果活不下去，成长得不好，也是只缺一样东西，还是责任。如果每个人都明白这个东西，都会活得好，都会活出人样来，都会活出点志气来，都会活出一片光明的。也就是说，在所有人都看不上我们的时候，只有我们自己看得上我们自己，在所有人都放弃我的时候，只有我自己不放弃自己，因为我知道，只要自己不放弃自己，将来就没有人可以放弃我。

我就凭着对家人的一份责任、凭着对未来的一份责任开始了我与普通孩子不一样的生活。小学的时候，我天天跑回家做饭、下地干活、照顾父亲、带孩子，我就这么读完了小学。初中离家大概又增加了两里多路，有将近五六里的路吧，我也是天天跑回去要上课、回家做饭、下地干活、照顾妹妹、照顾父亲，我也是这么过来的。而且就在这种环境下，我还考上了高中。上了高中离家有四十里的路，不可能天天回家做饭、下地干活了，我知道我有多傻吗？当年刚开始我还以为自己可以，所以我拼命地跑，一放学就从四十里外的县城里拼命地跑回家，跑回家去做饭，做完饭带着一点干粮拼命往学校跑，怎么跑都会迟到，中间的时间怎么都不够我路上跑的，跑回家去干活，干完活怎么都不够去学校上课，所以我总是迟到。但就是这样有了压力才有了动力，有动力才会去努力，去努力才会有改变。

坚持的力量

在我成长过程中，除了责任的担当，另一个我感悟比较深的就是坚持。记得我当年就是一个初中生毕业回来，家里没有钱，我就到了大城市去挣钱读高中。但是一个初中生找工作是非常难的，刷碗的活都没有人愿意给我，我甚至说不要钱只要在那里吃顿饭都没有人愿意要我，为什么？当时自己太瘦弱了，别人都怕我倒在人家店里给人家添麻烦，没有人要，怎么办？没有办法，但是从小我那勤劳的父亲、母亲给了我一样东西，那就是坚持，那就是面对苦难的时候，自己的坚持。怎么坚持呢？找不到工作，我晚上就睡在马路边，没有东西吃我就喝人家路边浇花的水，喝完了还去找工作。后来实在找不到工作我就看到了一份我能做的工作。什么工作呢？就是咱们窗外面挡着雨的雨棚，都是农民工干的活，不需要知识不需要技术，只要能吃苦，不怕受罪，不怕受累。那可是夏天 40 多度，楼顶的温度有 40 多度，爬到楼顶去给人家装那个东西，一般人都干不了那个活，也不愿意干那个活，而且很危险，但是我是农村出来的孩子，我不怕危险、不怕出汗，也不怕流血、流泪，我怕的是没有工作去，所以我认为这份工作我可以做，可是依然他们不给我做，他们担心我太小，完成不了。

当别人说你做不了，不愿意要你时怎么办？同学们，我们放弃了？放弃了就没有未来，不放弃又能怎么办？很简单，他一干活我就跟着他，他一吃饭我就喝水，喝饱了还跟着，他们晚上睡在屋里，我就睡在门外，睡醒了还跟着他，他去干活我就去帮忙，他不让我帮，我就在旁边看，他不让站在旁边，他讨厌我，嫌我碍事我就站远一点看，我为什么要看？因为我要记得他干活的每一个动作和每一个细节，我要告诉他们，如果我干这个活，我一定干得比他们还要好，这就是我找的第一份工作。我没有能力、没有知识、没有技术甚至没有体力，但是我有一种精神，是它在支撑着我，最后让别人接受了我。我找到了自己的第一份工作，也就是这一份工作，让我挣够了我读高中的学费。当时我饿了三天，觉得自己快要死了，这时别人看不下去了，这么一个小孩，觉得我很可怜，就给了我一碗面条，那是我几天以来吃的第一顿饭——一碗面条。就是那一碗面条让我有了力气，可以给别人干活了，这一碗面条让我活了下来，才有了现在。所以我告诉同学们，有的人问我，洪战辉啊，你觉得我们怎么才能成功？我学什么样的知识才能成功？学什么样的技术才能成功？跟着哪个导师才能成功？我要得到什么样的学位才能成功？我要干什么样的事业，什么样的方向才能成功？大家都问我的时候，很简单，我说对不起，你要是这么问的话，我不知道怎么才能成功，但是我清楚地知道一件事情，只要我洪战辉还有一碗面条吃，我做什么都可以成功。

态度是最大的智慧

还有记得我做雨棚的时候，别人推着车子到处转卖，有人装雨棚了就给别人装上去，他们一天也做不了几单生意，但是我是怎么装的呢？很简单，我就拿了一个小笔记本，看到一条街上都没有几家装雨棚的，我就挨家挨户敲别人的门，敲开他们的门我就问他们，你们家要做雨棚吗？我是装雨棚的，他们说对不起我们家不装，“咔”一下子就把门关上了。我又敲门，又开门，他说怎么还是你？我说你们家现在不装雨棚，将来有没有可能要装雨棚？他说我们家有可能，我说什么时候会装呢？他说过一段时间再说吧，人家又把门关上了，我就记上这一家的门牌号，并注明这一家过一段有可能要装。然后到了第二家，答案基本上都是一致的，可能转一条街有那么一家会直接装。结果等到我转完最后一家的时候，我又回到了第一家，已经过了几天，我又敲他家的门，他说怎么又是你小朋友？我说你们家不是说过几天有可能要装雨棚吗？他说再过几天，“咔”又把门关上了，我又记上，再过几天，在这一轮又有几家装了，大部分人还是不装。又过了几天，我又回来了，又敲他家的门，你家是要装雨棚吧？他说怎么还是你啊？我说你不是说过几天要装吗？他说再过几天，我再过几天又来了，结果人家都不好意思了，有的人家并不是需要雨棚，而是看我这个小孩子太可爱了才让我去给他装雨棚的。

而且一旦有一个人让我装雨棚，我就装得特别好，别人的雨棚绝对没有我的端正，别人用三个钉而我要六个钉，比他们的都结实，别人弄完都走了，我弄完了还要把人家的地板擦一擦，所以一旦有一家装雨棚，他就会介绍好几家给我装。所以做生意并没那么难，就取决于你有什么样的态度，你是用一种爱别人的方式去工作，还是用一种骗别人的方式去做工作。哪家让我装一个棚，我就为他家遮风挡雨，我就要给他做得最好。所以说没有一件事情是小事情，只要你把一件事情做好，你所有的事情都会慢慢变好。成功不需要那么多的条件，只需要我们自己有一种精神，只需要我们自己有一个态度。

我的成长跟大家的可能不太相同，我不愿意别人像我一样去生活，我经历的痛苦也不想任何人经历。但我成长过程中得到的幸福与收获，我希望大家都能够得到，希望这个过程中，大家都能够发现自己，能够发现自己的责任、自己的坚持以及自己所应该有的态度。人活着就是最大的财富，而态度就是最大的智慧。

从成电扬帆的20年

55

主讲人：顾凌云

顾凌云，94 级成电毕业生。
精通学术，醉心辩论，
他是卡耐基梅隆大学的博士、Asset Avenue 顾问委员、Equinox Decisions 创始人，
发表学术著作十多篇，拥有三项互联网金融方面的专利。
他做到了学业和事业的成功，赢得人生，亦不忘回家看看成电。
如梦二十年，再回成电，是荣归母校，亦有万千感慨。

精彩掠影

在今年抗日战争胜利纪念日的时候，在卢沟桥纪念馆，习总问了一个问题，让我感到很振奋。他看到纪念碑上面的这些烈士的名字，只问了一句话。他问上面记载的是不是国共两党共同抗日烈士的名字，我觉得能有这样实事求是的态度，那就比什么都要强得多了。

在国内，在我看来，有两种人是最可恶的。第一种人是卖国贼，这种人在历史上非常多。做汉奸、做引路人这是非常卑鄙的，但是这种人是有引，是有转化。领路人、带头人以前可不是卖国贼。这帮人我给他起了个名字，叫作“爱国贼”。这帮人每天把爱国放在自己的嘴边，永远都站在道德的制高点，对别人指手画脚。但是真正民族有危难的时候，这帮人跑得比谁都快，这帮才是中国真正的孙子和真正的渣子，这帮人在我看来就是“爱国贼”。

所以一个民族，如果能够用一个更好的机制，让自己的年轻一代有这样的历史使命感，就变得更加重要。

必须要真正指望，画一条线，也许是指望“85 后”的人，才有这个可能。因为你们才有这个活力，才能有这个思想动力，能够真正地把这个玩家给推动上去。当然无论是国家也好，是民族也好，总是在起起伏伏当中的。但是总而言之，这一个大的方向上，至少是可以的。

所以，今天我的分享相对来说比较分散，但是主线其实是非常明确的，什么才能从自己的本心出发，按照自己的精神来解释和看到，自己每天被教育和看到东西，得到自己的观点，才是最为重要的。作为一个合格、独立、拥有独立人格的人才是最关键的。

可以有的选择

56

主讲人：何宁

他是电子科大的优秀学子，
他是漂泊海外的热忱赤子。
电子科技大学 99 届校友何宁博士，在校期间，他曾担任电子科技大学学生会主席、成都市学联执行主席、四川省学联副主席等职务，连续三年获得特等奖学金，被授予“全国优秀学生干部”称号。2002 年秋季获得美国亚利桑那州立大学全额奖学金赴美攻读博士学位。现任职于美国高通公司。他用自身的故事，告诉我们可以有的选择。

精彩掠影

1.“能力不如负责，负责不如态度，态度不如热情。”你选择哪条路，这是你的战略性的决策，你选择了路之后，怎样把路走下去，怎样获得成功，这是一个战术指导思想的东西。那么其实态度和热情应该是相辅相成的，能力和素质就如同情商和智商一样，实际上这句话告诉我们，一个人不管情商如何，智商如何，现在说智商不如情商，不管你的能力如何，你的情商如何，最重要的是你做事情的态度和热情，这才是决定你成功的关键。

2. 人其实很容易去美化他人，看轻自己。当有时候你可能觉得自己不够自信，但是实际上，在很多时候，尤其在一些没有过接触，比如说你觉得这是一个传说中的“牛人”，你跟他没有接触的时候，你看他做的每一件事情，你会时时刻刻地美化他，你在看轻自己。

3. 第一，每个人都可以做牛人，第二，其实成功并不是你想象的那么难，如果你能坚持保持你的热情，端正你自己的态度，然后不停地寻找机会，能够直面你的烦恼，实际上在这个过程中，不停地进步，最后你的成功离得非常近，你能够达成你想的目标。

拨开迷雾，『职』引未来

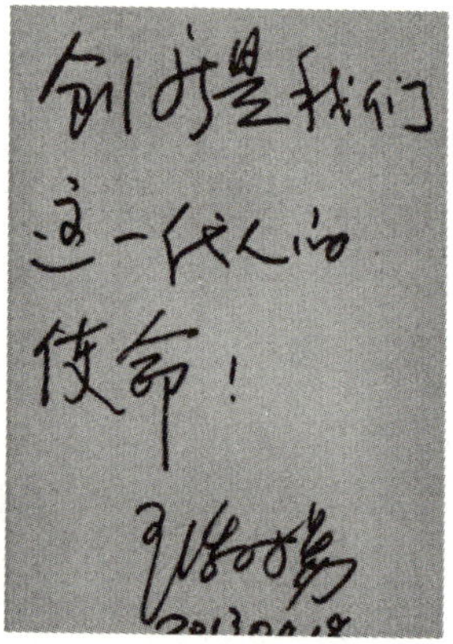

57

主讲人：王激扬

他，有梦为伴，一路坚强。
左手技术，右手管理，内外兼修，捭阖职场，
信息时代，破冰前行，铸就科技的辉煌。
放眼世界，心怀未来，垒起属于中国的科技长城，
他就是 TCL 首席运营官——王激扬。
以创新之名，为梦想代言，活出精彩！

精彩掠影

我想我大概是通过这种力量一路从农村走出来的，那个时候梦想有点简单。我读书从来不要父母管，我从小学一路读到大学，上了大学之后，我还想读，然后自己读完了博士。我读书的时候一直没有遇到很多的问题，所以我好像特别简单，但是这个确实是真的，小时候我就是这样，路就是这样简单地走过来的。但是我希望大家在大学开始的时候，能够学会思考问题。

真正让大家未来走下去，能够坚持下去走下去的一个目标是非常重要、非常清楚的东西，只有自己清楚这个东西，才有机会走得好一点。好，那么我想大家现在的目标不一定很清楚，不一定很清楚的时候我怎么办呢？那么就应该想个办法，把目标找到。

“90后”很多在平常的时候，工作的时候会在你旁边跟你一起玩，但是你叫他干活的时候，不一定给你去干了，然后不高兴的时候，大概早晨还要抓你一把。跟你一起玩得很高兴，干活的时候不一定了。但是真要干活的时候，是有爆发力的。这个就是说“90后”往往是没有太大诚意的，大概是这样讲。

后记

Hou Ji

成电讲坛作为校内最高水平的讲座，是学校加强文化素质教育的有效途径，也是学校精品校园文化活动之一。为了与更多人分享讲座内容，传播主讲人的思想与情怀，广泛提升校园文化品位，电子科技大学国家大学生文化素质教育基地特进行了成电讲坛的书稿整理工作。

本书历时 2 年，通过讲座音频、视频资料转译、文字初审、复审、润色等过程，共收录了 2012—2014 年期间的 57 场讲座的精彩内容。在此，特别感谢电子科技大学立人 151 班全体同学，以及梁佳雯、伍奕静、张嘉源、李博超、万嘉、王世通、王伊凡、朱子言、叶俊贤、廖敬仪、单译葳、高玮婷、何昊、杨静、符莉、汪晓蓉、朱泽智、王艺宁、谢海瑶、袁章润等同学在稿件整理工作中的辛勤付出。然而，由于时间仓促、部分主讲人联系方式变更等原因，本书出版时未能及时与主讲人一一取得联系，还望主讲人海涵。

本书的出版是多方共同努力的成果，感谢十余年来在“成电讲坛”系列活动中为广大师生提供精彩讲座的各位主讲人，感谢参与编纂的老师和同学们，感谢社会各界对“成电讲坛”的广泛关注与支持。今后，我们将继续进行精彩讲座的整理出版工作，期待“成电讲坛”能给大家带来更多的精彩！

刘 惠

2017 年 3 月于清水河畔